André Grimmelt

Pandemien

Herausforderung für das Risikomanagement von Unternehmen?

Grimmelt, André: Pandemien: Herausforderung für das Risikomanagement von Unternehmen? Hamburg, Igel Verlag RWS 2014

Buch-ISBN: 978-3-95485-240-6
PDF-eBook-ISBN: 978-3-95485-740-1
Druck/Herstellung: Igel Verlag RWS, Hamburg, 2014

Bibliografische Information der Deutschen Nationalbibliothek:
Die Deutsche Nationalbibliothek verzeichnet diese Publikation in der Deutschen
Nationalbibliografie; detaillierte bibliografische Daten sind im Internet über
http://dnb.d-nb.de abrufbar.

Inhaltsverzeichnis

Abbildungsverzeichnis

1 Einleitung

Unternehmerisches Handeln bedeutet, Risiken einzugehen, um Chancen zu nutzen. Dabei dürfen Risiken das Erreichen von Unternehmenszielen nicht gefährden. Aus diesem Grund umfasst eine erfolgreiche Unternehmensführung auch das Erkennen und Analysieren von Risiken sowie das Erreichen eines optimalen Chancen-Risiko-Profils für das Unternehmen. Dabei liegt der Focus der Risikobetrachtung auf Gefahren, die sich aufgrund einer unzureichenden Ausrichtung des Unternehmens auf das Geschäftsumfeld ergeben (strategische Risiken). Weiterhin werden Risiken beobachtet, die Folge einer negativen Entwicklung des Marktes sein können und somit eine Unsicherheit der zukünftigen Umsatzentwicklung bedeuten (Marktrisiken). Auch Risiken, die die finanzielle Stabilität und Liquidität eines Unternehmens betreffen (Finanzrisiken), Gefahren die sich aufgrund von gesellschaftlichen bzw. politischen Veränderungen ergeben und Risiken, die mit der internen Organisation und der Unternehmensführung im Zusammenhang stehen, werden im Management eines Unternehmens berücksichtigt.[1] In den letzten Jahren haben Terroranschläge, wie der Anschlag auf das World-Trade-Center oder Naturkatastrophen, wie im Jahre 2002 das Hochwasser an der Elbe, gezeigt dass Unternehmen nicht nur Risiken ausgesetzt sind, die sich allein aus ihrem wirtschaftlichen Handeln ergeben. Auf der einen Seite sind solche Ereignisse für die betroffenen Unternehmen so einschneidend, dass der gesamte Geschäftsbetrieb und damit die Existenz des Unternehmens von ihnen bedroht ist. Auf der anderen Seite wird der Eintritt eines solchen Ereignisses von den meisten Unternehmen für so unwahrscheinlich gehalten, dass eine Risikovorbereitung nicht notwendig erscheint. Für die genannten Beispiele eines Terroranschlages oder einer Naturkatastrophe mag diese Einschätzung auch zutreffend sein. Mit Ausbruch der Vogelgrippe in Südostasien und den Auswirkungen der Lungenkrankheit SARS im Jahre 2003 trat jedoch eine weitere Bedrohung in den Blickpunkt der Öffentlichkeit - die Gefahr einer weltweiten Infektionskrankheit, einer Pandemie. Wie hoch das Risiko einer Pandemie ist, wurde vom Präsidenten des Robert Koch-Instituts Reinhard Kurth, wie folgt kommentiert: „Die Frage ist dabei nicht, ob eine Pandemie kommt, sondern wann sie kommt".[2] Die Auswirkungen einer Pandemie

---

[1] Vgl. Gleißner, Werner / Lienhard, Herbert / Stroeder, Dirk H. (2004), S. 39.
[2] Allianz, Rheinisch-Westfälisches Institut f. Wirtschaftsforschung (2006), S. 7.

würden sich nicht nur auf eine Belastung für das Gesundheitswesen begrenzen, sondern auch die Volkswirtschaften wären von den Effekten unmittelbar betroffen. Damit stellt sich auch für Unternehmen die Frage, wie weitreichend die Gefahr einer Pandemie im Rahmen des Risikomanagements aufgegriffen werden muss.

Im Rahmen dieser Arbeit sollen Antworten auf die wichtigsten Fragen im Zusammenhang mit den Risiken einer Pandemie für Unternehmen gegeben werden. Weiterhin sollen die Aspekte der Notwendigkeit einer Risikovorsorge vor den Gefahren einer Pandemie beleuchtet werden. Auf diese Weise soll dazu beigetragen werden, dass sich Unternehmen der Herausforderung einer sachgerechten Pandemieplanung stellen.

Um dieses Ziel zu erreichen, wird im zweiten Kapitel auf die Entstehung von Pandemien und deren Auswirkungen eingegangen. Anhand der Erfahrungen, die mit Pandemiefällen in der Vergangenheit gesammelt wurden, soll eine Risikoeinschätzung für die Zukunft gegeben werden. Am Ende des Kapitels steht eine Beurteilung der augenblicklichen Gefahrensituation.

Das dritte Kapitel arbeitet die volkswirtschaftlichen Auswirkungen einer Pandemie heraus. Dabei werden sowohl die Konsequenzen auf der Nachfrageseite, als auch auf der Angebotsseite beleuchtet. Die kurz-, mittel- und langfristigen Auswirkungen einer Pandemie auf die Volkswirtschaft sind ein weiterer Schwerpunkt dieses Kapitels. Da jede Branche unterschiedlich durch den Ausbruch einer Pandemie betroffen sein wird, soll am Ende des Abschnitts die Wirkung einer Pandemie auf die unterschiedlichen Branchen erläutert werden.

Eine Pandemie wird Betriebe besonders durch den Ausfall von Mitarbeitern treffen. Weiterhin sind Störungen im Versorgungssystem und Änderungen im wirtschaftlichen Umfeld zu erwarten, die Auswirkungen auf das einzelne Unternehmen haben werden. Diese Effekte sollen im vierten Kapitel beleuchtet werden.

Die zuvor beschriebenen Auswirkungen auf das Unternehmen können im Rahmen des Risikomanagements aufgegriffen werden. Im fünften Kapitel soll daher diskutiert werden, was unter den Begriff Risiko und Risikomanagement zu verstehen ist. Auch sollen die Ziele und der Nutzen vom Risikomanagement definiert werden. Am Ende wird auf die Frage eingegangen, warum für das Risiko einer Pandemie eine spezielle Planung notwendig ist.

Das sechste Kapitel gibt Informationen über die Pandemieplanung als Bestandteil des Risikomanagements. Dabei sollen die Aufgaben sowie die Ansätze zur Umsetzung einer Pandemieplanung beleuchtet werden. Da in der Öffentlichkeit der Einsatz von Medikamenten, wie zum Beispiel „Tamiflu", zur Vorsorge der Folgen einer weltweiten Infektionskrankheit aktuell diskutiert wird, soll in diesem Kapitel auch auf die Verwendung von Neuraminidase-Hemmern als Bestandteil des Risikomanagements eingegangen werden.

Neben einer Zusammenfassung der Inhalte dieser Arbeit soll als Abschluss ein Fazit gezogen werden, dass und anderen den Stellenwert einer Pandemie für das Risikomanagement eines Unternehmens verdeutlicht. Dabei wird auch die Frage zu beantworten sein, ob Risikomanagement, neben den dafür erforderlichen Anforderungen, auch eine Chance für das Unternehmen darstellt.

2 Pandemien

Der schwarze Tod (Hermann von Lingg)

Erzittre Welt, ich bin die Pest,

ich komm' in alle Lande

und richte mir ein großes Fest,

mein Blick ist Fieber, feuerfest

und schwarz ist mein Gewande.

...

Ich bin der große Völkertod,

ich bin das große Sterben,

Es geht vor mir die Wassernot,

ich bringe mit das teure Brot,

den Krieg tu' ich beerben.

...

Byzanz war eine schöne Stadt,

und blühend lag Venedig;

nun liegt das Volk wie welkes Blatt,

und wer das Laub zu sammeln hat,

wird auch der Mühe ledig.

...[3]

Das hier in Ausschnitten zitierte Gedicht von Hermann von Lingg verdeutlicht die verheerenden Folgen einer Pandemie auf die Menschheit am Beispiel der Pest. Zudem veranschaulicht es den Schrecken, den die Pest beim Menschen hinterlassen hat. Aber auch Ereignisse in neuerer Zeit zeigen, wie groß die Furcht vor einer weltweiten Infektionskrankheit ist. So versetzte im Jahr 2006 die steigende Zahl der mit Grippe infizierten Vögel die Öffentlichkeit in Angst und Schrecken und rückte die Gefahr einer weltweiten Pandemie in den Blickpunkt der Öffentlichkeit.[4]

---

[3]Lingg, Hermann v. (1906).
[4] Vgl. Muth, Clemens / Zweimüller, Manuela (2007), S. 6.

2.1 Definition des Begriffs „Pandemie"

Der Begriff Pandemie leitet sich aus dem Griechischen pan (= alles) und demos (= volk) ab. Von einer Pandemie wird gesprochen, wenn eine Erkrankung Ländergrenzen überschreitet und sich weltweit ausbreitet.[5] Verursacher ist dabei ein neuartiges Virus, welches hoch ansteckend ist und sich deshalb schnell in der Bevölkerung verbreitet wird. Aufgrund der Neuartigkeit des Virus besteht in der Bevölkerung eine geringe Immunität.[6] Ein aktuelles Beispiel für eine Pandemie ist die Ausbreitung des HI-Virus, als Verursacher der AIDS-Erkrankung. 1982 wurden die ersten Fälle einer Infektion mit dem HI-Virus in den USA registriert. In der Folgezeit infizierten sich Menschen in der ganzen Welt. Da die Übertragung nicht durch den alltäglichen Umgang mit infizierten Personen erfolgen kann, breitet sich dieses Virus jedoch nur verhältnismäßig langsam aus.[7] Trotz allem haben sich seit Anfang der achtziger Jahre weltweit über 60 Millionen Menschen mit dem HI-Virus infiziert.[8] Ein Virus mit einer höheren Ansteckungsrate könnte eine noch verheerendere Auswirkung haben. Gegenwärtig wird vor allem vor dem Ausbruch einer Grippepandemie gewarnt. So befürchtet David Nabarro, der UN-Koordinator für die Vogelgrippe, dass der Ausbruch einer Grippepandemie mit mehreren Millionen Todesopfern jederzeit eintreten könnte.[9]

2.2 Entstehen von Pandemien

Die WHO geht gegenwärtig davon aus, dass die Gefahr einer Pandemie aufgrund von Influenzaviren am wahrscheinlichsten ist.[10] Aus diesem Grund soll an dieser Stelle das Entstehen einer Pandemie am Beispiel einer Infektion mit einem Grippevirus erläutert werden. Um zu verstehen, wie ein Grippevirus weltumspannend zu einer hohen Zahl von Erkrankten sowie einer hohen Sterblichkeitsrate führen kann, soll im Folgenden ein Überblick über die medizinischen Mechanismen, die zu einer Pandemie führen können, gegeben werden.

---

[5] Vgl. Pickel, Michael (2005), S. 10.
[6] Vgl. Allianz, Rheinisch-Westfälisches Institut f. Wirtschaftsforschung (2006), S. 10.
[7] Vgl. Robert Koch-Institut, Statistisches Bundesamt (Hrsg.) (2006b), S. 10.
[8] Vgl. Allianz, Rheinisch-Westfälisches Institut f. Wirtschaftsforschung (2006), S. 13.
[9] Vgl. Hotz, Manuela / Müller-Gauss, Uwe (2006), S. 70.
[10] Vgl. Weltgesundheitsorganisation WHO (2005), S. 4.

Grippeviren werden in drei Gruppen unterteilt, die man als Typ A, B und C bezeichnet. Dabei kann sich das Virus Typ B nur im Menschen vermehren, Typ C bei Menschen und Schweinen und das Influenzavirus Typ A kann sich neben Menschen und Schweinen auch bei Pferden, Vögeln und anderen im Wasser lebenden Tieren vermehren.[11] Influenzaviren des Typs A sind aufgrund dieser Eigenschaft und ihrer Fähigkeit, immer neue Varianten zu bilden, Ursprung von Pandemien. Wie sich ein Pandemievirus bilden kann, soll das folgende Szenario aufzeigen: Sollte sich ein Mensch gleichzeitig mit einem Vogelgrippevirus und einem Menschengrippevirus infizieren, besteht die Möglichkeit der Entstehung eines neuen Virusstamms. Dieser Virusstamm übernimmt von beiden Virustypen Genanteile. Der so entstandene Virus kann aufgrund der Vogelgrippeanteile ein hohes Gefahrenpotential für den Menschen haben und aufgrund der Genanteile des Menschenvirus gleichzeitig hoch ansteckend sein. Die Entstehung neuer Virusstämme durch Vermischung von Genanteilen, kann besonders durch Schweine erfolgen, weil Schweine sowohl Träger von Menschen-, als auch von Vogelviren sein können.[12]

Abbildung 1 Austausch von Grippeviren

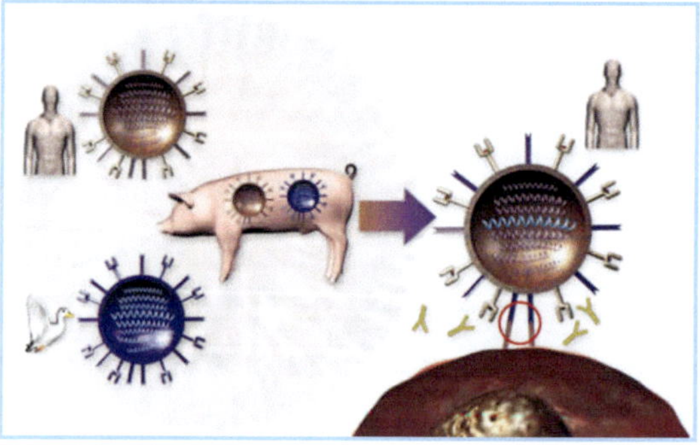

Roche Deutschland, Grenzach-Wyhlen[13]

Der aus dem Genaustausch des Vogelgrippevirus und einem menschlichen Grippevirus entstandene Krankheitserreger, birgt zurzeit die höchste Gefahr, der mögliche

---

[11] Vgl. Allwinn, Regina / Doerr, Hans Wilhelm (2005), S. 710.
[12] Vgl. Schmitt, Heinz.-J. (2005).
[13] Roche Deutschland (2008).

Ausgangspunkt für eine Pandemie zu sein. Nachdem dieses Virus die Fähigkeit zur Übertragung von Mensch zu Mensch erlangt hat, ist mit einer weltweiten Ausbreitung der Krankheit zu rechnen.[14] Auch tragen folgende drei Gründe zur Ausbreitung der Grippeerkrankung bei:

1. Zwischen einer Infektion mit dem Virus und dem Ausbruch der Erkrankung vergehen bei einer Influenza bis zu vier Tage. In dieser Zeit ist bereits eine Ansteckung möglich, ohne dass der Überträger der Erkrankung selbst weiß, dass er bereits Virusträger ist.

2. Influenzaviren breiten sich durch die sogenannte „Tröpfcheninfektion" aus. So werden sie aus geringer Distanz beispielsweise beim Sprechen, insbesondere aber durch Niesen, auf die Schleimhäute anderer Menschen übertragen.[15]

3. Die hohe Mobilität von Menschen ermöglicht eine schnelle weltweite Ausbreitung von Infektionskrankheiten.[16]

Aufgrund der Neuartigkeit des Virus wurde das Immunsystem des Menschen bisher mit diesem Krankheitserreger nicht konfrontiert, so dass keinerlei Abwehrmechanismen entwickelt werden konnten und mit einer hohen Erkrankungsrate gerechnet werden kann. Auch ist aus diesem Grund zu befürchten, dass der Krankheitsverlauf schwerwiegend sein wird und mit einer hohen Mortalitätsrate zu rechnen ist.[17] Eine Schutz durch Impfungen wird absehbar nicht möglich sein, weil die Entwicklung eines Grippeimpfstoffs erst dann erfolgen kann, wenn eine Identifizierung des neuen Influenzavirus erfolgt ist. Dabei ist zu beachten, dass von der Entschlüsselung des Virus bis zur Zulassung eines Impfstoffs ein Zeitraum von bis zu acht Monaten vergehen kann. Insofern muss davon ausgegangen werden, dass im ersten Jahr nach Ausbruch einer Grippepandemie ein nur sehr begrenztes Kontingent an Impfdosen zur Verfügung steht.[18] Durch das Fehlen eines Impfschutzes in der Bevölke-

---

[14] Vgl. Allianz, Rheinisch-Westfälisches Institut f. Wirtschaftsforschung (2006), S. 17.
[15] Vgl. Hotz, Manuela / Müller-Gauss, Uwe (2007a), S. 19.
[16] Vgl. Schröder-Bäck, Peter / Sass, Hans-Martin / Brand, Helmut et al. (2008), S. 195.
[17] Vgl. Bundesamt für Bevölkerungsschutz und Katastrophenhilfe, Regierungspräsidium Stuttgart, Landesgesundheitsamt (2007), Anhang 2 H1, S. 4.
[18] Vgl. Fock, Rüdiger (2001), S. 972.

rung sind die Möglichkeiten, die Verbreitung des Virus zu verhindern, stark eingeschränkt.

2.3 Auswirkungen bisheriger Pandemiefälle

Pandemien stellen zwar ein seltenes Ereignis dar, traten aber immer wieder in der Geschichte auf. Um die Auswirkungen einer zukünftigen Pandemie abschätzen zu können, ist es lohnenswert, den Verlauf und die Auswirkungen vergangener Pandemiefälle genauer zu betrachten. Der Vergleich bisheriger Pandemien bietet die Gelegenheit, gemeinsame Faktoren abzuleiten, die eine bessere Einschätzung der Folgen einer zukünftigen Pandemie ermöglichen.

Seit dem Jahr 1700 wurden weltweit bis zu 13 Grippepandemien gezählt. Die letzten drei ereigneten sich im vergangenen 20. Jahrhundert: in den Jahren 1917/1918 die „Spanische Grippe", 1957 die „Asiatische Grippe" und im Jahre 1968 die „Hongkong Grippe".[19] Die „Spanische Grippe" ist mit vierzig bis fünfzig Millionen Todesopfern[20] ein Beispiel für eine weltweite Infektionskrankheit mit einem schweren Verlauf. Demgegenüber stehen die „Asiatische Grippe" mit weltweit einer Million Todesopfern und die „Hongkong Grippe" mit circa 700.000 Todesopfern[21], für Pandemien mit einem moderaten Verlauf. Die Auswirkungen von aggressiven Infektionskrankheiten in der heutigen Zeit können anhand der Folgen der Lungenkrankheit SARS aufgezeigt werden. Im Jahr 2003 erkrankten weltweit mehr als 3.000 Menschen an SARS. Hiervon verstarben mehr als 1.000 Menschen.[22] Damit erreichte SARS zwar nicht den Status einer Pandemie, jedoch waren die Konsequenzen dieser Erkrankung weltweit zu spüren und erlauben so Rückschlüsse auf die Effekte einer Krankheitswelle in der heutigen Zeit.

---

[19] Vgl. IBM Global Tchnology Services (2006), S. 3.
[20] Vgl. Witte, Wilfried, (2006), S. 5.
[21] Vgl. Allianz, Rheinisch-Westfälisches Institut f. Wirtschaftsforschung (2006), S. 12.
[22] Vgl. Haas, Walter H. (2005), S. 1020.

Spanische Grippe

Die „Spanische Grippe" nahm im Frühjahr 1918 als Grippewelle in Europa und Asien ihren Anfang. Da die Grippe zuerst in San Sebastián, einem spanischen Feriendorf auftrat, bekam sie den Namen „Spanische Grippe".[23] Auslöser dieser Grippepandemie war ein Vogelgrippevirus, welches direkt auf den Menschen übersprang.[24] Durch reine Mutation des Vogelgrippevirus erlangte dieser Krankheitserreger die Fähigkeit, Menschen zu infizieren. Da diesem neuartigen Virus Genabschnitte eines Menschenvirus fehlten, war es mit Blick auf eine Infektion von Menschen gänzlich unbekannt und erlangte so die Fähigkeit, eine hohe Opferrate hervorzurufen.[25] Bis zum Sommer 1918 ebbte die erste Grippewelle wieder ab. Diese erste Krankheitswelle war vor allem durch eine hohe Krankheitsrate gekennzeichnet, jedoch war die Mortalitätsrate relativ gering.[26] Ende August 1918 verursachte das Virus der Spanischen Grippe allerdings eine zweite Erkrankungswelle. Wobei die Symptome zunächst denen eines grippalen Infektes ähnlich waren. Jedoch wandelte sich die Erkrankung nach wenigen Tagen zu einer schweren Lungenentzündung. So beschrieb ein Militärarzt die „Spanische Grippe" mit den Worten: „Die Kranken spuckten Blut und starben oft einen grausamen Erstickungstod."[27] Insgesamt waren bis zu fünfzig Prozent der damaligen Weltbevölkerung mit dem Virus infiziert.[28] Für die Bevölkerung war die Überforderung des Gesundheitssystems besonders bedrohlich. So erkrankten allein in Nürnberg in der Zeit vom 12. bis zum 18. Oktober über 3.000 Menschen an der „Spanischen Grippe". Mit der Folge überfüllter Krankenhäuser, des Stillstands des öffentlichen Lebens und weitreichender Beunruhigung der in der Bevölkerung.[29]

Das Besondere an dieser Krankheit war die 25 mal höhere Mortalitätsrate gegenüber einer gewöhnlichen Grippe.[30] Auffällig war zudem die Verteilung der Grippeopfer innerhalb der Bevölkerung. Normalerweise versterben vor allem Kinder und ältere Menschen. Die Sterblichkeitsrate kann bei einer gewöhnlichen Grippe somit U-förmig

---

[23] Vgl. Jütte, Robert (2006), S. A32.
[24] Vgl. Meyer, Rüdiger (2004), S. A609.
[25] Vgl. Paukstadt, Waltraud (2005), S. 5.
[26] Vgl. Witte, Wilfried (2006), S. 5.
[27] Allianz, Rheinisch-Westfälisches Institut f. Wirtschaftsforschung (2006), S. 12.
[28] Vgl. Hotz, Manuela / Müller-Gauss, Uwe (2006), S. 70.
[29] Vgl. Jütte, Robert (2006), S. A33.
[30] Vgl. Allianz, Rheinisch-Westfälisches Institut f. Wirtschaftsforschung (2006), S. 12.

abgebildet werden. Bei der „Spanischen Grippe" bildet die Sterblichkeitskurve jedoch ein W ab, weil zusätzlich eine Spitze bei jungen Erwachsenen zu verzeichnen war.[31] Mit der dritten Welle, deren Symptome weitaus schwächer ausfielen, endete 1920 diese Pandemie.[32]

Zusammenfassend lassen sich folgende Erkenntnisse aus der Grippepandemie von 1918/1920 ableiten. Die „Spanische Grippe" wurde durch ein Virus ausgelöst, das direkt von Vögeln auf den Menschen übergegangen ist. Dieses Virus benötigte nicht den Zwischenschritt über ein anderen Wirt, wie z. B. den Infektionsweg über Schweine, um den Menschen zu infizieren. Die „Spanische Grippe" trat darüber hinaus in mehreren Wellen auf, was bedeutete, dass die Welt in mehreren Schüben mit der Krankheit konfrontiert wurde. Jeder dieser Schübe hatte unterschiedlich starke Auswirkungen. Mit den Folgen dieser Pandemie war das Gesundheitssystem entsprechend überfordert. Die Hilflosigkeit des Gesundheitswesens führte zu panikartigen Reaktionen in der Bevölkerung. Auch die hohe Morbiditäts- und Mortalitätsrate der „Spanischen Grippe" demonstriert, wie bedeutend eine Pandemie in ihren Auswirkungen sein kann. Ebenso ungewöhnlich ist die Sterblichkeit bei jungen Erwachsenen, die zeigt, dass eine Pandemie auch außerhalb der üblichen Risikogruppen, wie Kinder und Ältere, grassieren kann.

Asiatische Grippe und Hongkong Grippe

Die 1957 ausgebrochene „Asiatische Grippe" hatte ihren Ursprung in China. Flüchtlinge brachten das Virus nach Hongkong, von wo aus es sich durch Reisende auch auf dem amerikanischen Kontinent und nach Europa gelangte. 1968 folgte die „Hongkong Grippe" als deren Verursacher eine Mutation des Krankheitserregers der „Asiatischen Grippe" ausgemacht wurde.[33] Ebenso wie bei der „Spanischen Grippe" verliefen die „Asiatische„ und die „Hongkong Grippe" in Wellen, wobei auch in diesen Fällen von Pandemien die zweite Welle die verhängnisvolleren Auswirkungen hatte.[34] An der „Asiatischen Grippe" verstarben weltweit ca. eine Millionen Menschen, davon 30.000 in der Bundesrepublik Deutschland. Weltweit 700.000 Men-

---

[31] Vgl. Stracke, Andrea / Heinen, Winfried (2006), S. 6.
[32] Vgl. Allianz, Rheinisch-Westfälisches Institut f. Wirtschaftsforschung (2006), S. 12.
[33] Vgl. Allianz, Rheinisch-Westfälisches Institut f. Wirtschaftsforschung (2006), S. 12.
[34] Vgl. Reiter, Sabine / Haas, Walter (2005), S. 36.

schen erlagen der „Hongkong Grippe". Auch hier verzeichnete die Bundesrepublik circa 30.000 Todesopfer.[35]

Die „Asiatische" wie auch die „Hongkong Grippe" verdeutlichen, dass eine Pandemie nicht immer so verhängnisvoll verlaufen muss wie die „Spanische Grippe". Auch hier zeigt sich, dass Pandemien in mehreren Wellen auftreten und sich die Erkrankung in der ganzen Welt ausbreiten kann. Weiterhin wurde festgestellt, dass die weltweite Übertragung durch die Mobilität der Menschen besonders gefördert wurde.

SARS[36]

Im Jahr 2003 zeigte die Verbreitung des SARS-Virus, dass auch weiterhin die Gefahr einer weltweiten Seuche besteht. Die Betrachtung der Folgen von SARS verdeutlicht die Konsequenzen einer bedrohlichen Infektionskrankheit in der heutigen Zeit. Die Erkrankung SARS wurde erstmals im Februar 2003 in Hanoi beschrieben. Hervorgerufen wird SARS durch eine Unterart von Coronaviren. Coronavieren waren bisher als Überträger von harmlosen Erkältungserkrankungen in der Medizin bekannt.[37] Die Symptome von SARS sind mit denen einer Lungenentzündung vergleichbar und umfassen Fieber, Atembeschwerden, Husten, Hals-, Kopf- und Muskelschmerzen sowie Übelkeit, Erbrechen und Durchfall. Die Zeitspanne zwischen der Ansteckung und dem Ausbruch der Krankheit kann zwischen zwei und zehn Tagen variieren. Auch SARS wird wie Grippeviren durch Tröpfcheninfektion übertragen.[38] Bedrohlich war die hohe Todesrate bei SARS Patienten. So verstarben zehn Prozent aller Patienten und in der Altersklasse ab sechzig Jahren verstarben ca. fünfzig Prozent der Erkrankten an den Folgen von SARS.[39]

Diese Tatsachen veranlassten die WHO am 12. März 2003 einen globalen Alarm auszurufen. Sie empfahl, nicht dringend notwendige Reisen in Gebiete, die von SARS betroffen waren, zu verschieben.[40] Insgesamt erkrankten in der Zeit von November 2002 bis Juli 2003 cirka 8.000 Personen an SARS, von denen 774

---

[35] Vgl. Allianz, Rheinisch-Westfälisches Institut f. Wirtschaftsforschung (2006), S. 12.
[36] SARS: schweres akutes respiratorisches Syndrom (deutsche Übersetzung)
[37] Vgl. Rossboth, Dieter / Kraus, Günther / Allerberger, Franz (2006), S. 92.
[38] Vgl. Gaber, Walter / Hofmann, Rainer (2003), S. 3.
[39] Vgl. Marschall, Manfred / Fleckenstein, Bernhard (2007), S. 8.
[40] Vgl. Glasmacher, Susanne / Kurth, Reinhard (2006), S. 12.

Menschen verstarben. Von der Erkrankung waren rund dreißig Länder auf sechs Kontinenten betroffen.[41] Durch die Ausbreitung von SARS wurde bewiesen, dass in einer globalisierten Welt die Verbreitung einer Krankheit in kürzester Zeit möglich ist. Computermodelle, die anhand der Verbreitung von SARS entwickelt wurden, zeigen, dass die Flughäfen London, New York und Frankfurt für die Ausbreitung einer Epidemie hauptverantwortlich sind. Grund ist die hohe globale Vernetzung dieser Flughäfen.[42] Weiterhin konnten folgende Erkenntnisse aus der SARS-Epidemie gewonnen werden. Durch die engen weltweiten wirtschaftlichen Beziehungen verstärkten sich die ökonomische Folgen dieser Krise. Aufgrund der Einflussnahme der Medien auf die Bevölkerung wurden Ängste bis in das Stadium einer Panik gesteigert.[43] Diese Auswirkungen sind besonders zu beachten, weil keine objektiven Gründe für Panikreaktionen vorlagen. Die wirtschaftlichen Folgen der SARS-Krise, die medizinisch betrachtet im Rahmen der normalen Krankheitsereignisse lagen, waren enorm. So betrug der ökonomische Schaden im asiatischen Raum ca. zwanzig Milliarden US-Dollar[44] und weltweit um die sechzig Milliarden US-Dollar.[45] Aber auch positive Aspekte konnten beobachtet werden. Aufgrund der weltweiten Zusammenarbeit war der Aufbau eines internationalen Netzwerkes zur Erforschung und Bekämpfung der Krankheit in kurzer Zeit möglich, wodurch es gelang, das SARS-Virus in kurzer Zeit erfolgreich zurückzudrängen.[46]

2.4 Szenarien einer zukünftigen Pandemie

Um die Folgen einer zukünftigen Pandemie beurteilen zu können, ist es sinnvoll, entsprechende Szenarien zu entwickeln. Dabei ist zu beachten, dass wichtige Fragen für die Vorhersage des Gefahrenpotentials nicht beantwortet werden können. So sind Aussagen über den Ausgangsort der Pandemie, die Geschwindigkeit der Ausbreitung und die Gefährlichkeit des Virus nicht möglich.[47] Trotzdem können

---

[41] Vgl. Glasmacher, Susanne / Kurth, Reinhard (2006), S. 15.
[42] Vgl. Geisel, Theo (2004), S. 3.
[43] Vgl. Bundesamt für Gesundheit, Abteilung Epidemiologie und Infektionskrankheiten (2003), S. 544.
[44] Vgl. Allianz, Rheinisch-Westfälisches Institut f. Wirtschaftsforschung (2006), S. 40.
[45] Vgl. Hewitt, Jonathan (2006), S. 14.
[46] Vgl. Bundesamt für Gesundheit (2003), S. 544.
[47] Vgl. Bundesamt f. Bevölkerungsschutz u. Katastrophenhilfe, Regierungspräsidium Stuttgart (2007), Anhang 2, H1, S. 1.

Erfahrungen, die im Rahmen von Pandemiefällen in der Vergangenheit gesammelt wurden, Ausgangspunkt einer Prognose für die Zukunft sein.

Um abschätzen zu können, mit welchen Auswirkungen bei einer Pandemie zu rechnen ist, sollte man zunächst den schlimmsten möglichen Fall (*worst case*) betrachten. Dafür können die Eckdaten der „Spanischen Grippe" zugrunde gelegt werden. Für die Bundesrepublik könnte dies bedeuten, dass ca. 20 bis 25 Millionen Menschen an einer Grippe erkranken würden. Hiervon würden ca. 1,2 Millionen Menschen an einer Lungenentzündung leiden. Aufgrund dessen ist mit ca. 200.000 zusätzlichen Krankenhauseinweisungen zu rechnen, was bei einer durchschnittlichen Aufenthaltsdauer von 8,2 Tagen zu 1,6 Millionen zusätzlichen Krankenhaustage führen würde. An den Folgen der Influenza würden allein in Deutschland circa 120.000 Menschen sterben. Rechnet man die Todesopfer hinzu, die mit einer Influenza assoziiert würden, stiege die Zahl auf absehbar 175.000 Menschen.[48]

Es ist jedoch zu beachten, dass diese Zahlen wahrscheinlich kein realistisches Bild für die Auswirkungen einer zukünftigen Pandemie darstellen. Im Vergleich zur Situation von 1918 stehen in der heutigen Zeit mehr Medikamente und ein leistungs-fähigeres Gesundheitssystem zur Verfügung.[49] Aus diesem Grund wurde für den Nationalen Pandemieplan[50] von moderateren Zahlen ausgegangen. Bei diesen Planungen geht man von einer Erkrankungsrate von 30 - 35 Prozent der Bevölke-rung aus. Dies würde in der Bundesrepublik zu etwa 12 Millionen zusätzlichen Arztbesuchen und 360.000 zusätzlicher Krankenhauseinweisungen führen. An den Folgen würden absehbar 96.000 Menschen versterben. Um eine realistische Risi-koplanung vornehmen zu können und die Wirksamkeit von beabsichtigten Maßnah-men überprüfen zu können, ist eine all zu moderate Einschätzung einer zukünftigen Pandemie jedoch nicht empfehlenswert. Darum ist ein Szenario mit einer Erkran-kungsrate von 15 Prozent oder weniger nicht hilfreich.[51]

---

[48] Vgl. Fock, Rüdiger (2001), S. 971.
[49] Vgl. Allianz, Rheinisch-Westfälisches Institut f. Wirtschaftsforschung (2006), S. 18.
[50] Nationaler Pandemieplan: Auf Empfehlung der WHO entwickelte das Robert Koch Institut einen Notfallplan für den Fall einer Grippepandemie. Dieser Pandemieplan wurde im Bundesgesetzblatt veröffentlicht und ist Bestandteil der Nationalen Katastrophenvorsorgeplanung.
[51] Vgl. Haas, Walter (2005), S. 1023.

Abbildung 2 Mögliche Auswirkungen einer Grippepandemie in Deutschland

Erkrankungsrate	Konsultationen*	Krakenhauseinweisungen*	Tote*
15%	6.515.186	179.491	48.082
30%	12.030.372	358.982	96.164
50%	21.717.287	598.303	160.2273
		ohne Therapie, ohne Prophylaxe, im Zeitraum von acht Wochen	

Robert-Koch-Institut[52]

Die wirtschaftlichen Auswirkungen einer weltweiten Infektionskrankheit wurden im Jahr 2006 vom Lowy Institute betrachtet. So kann bei einer Pandemie nach vorsichtigen Schätzungen weltweit mit einem Verlust von 0,8 Prozent des Bruttoinlandsprodukts gerechnet werden. Dies entspricht einem Schaden von circa 330 Milliarden US-Dollar. Geht man vom schlimmsten Fall aus, steigt der Verlust auf 12,6 Prozent des Bruttoinlandsprodukts bzw. 4,4 Billionen US-Dollar.[53]

Weitere Auswirkungen einer Pandemie wären Panikreaktionen und Ausfälle der öffentlichen Infrastruktur. Je nach Erkrankungsrate kann die medizinische Versorgung bis zum Zusammenbruch belastet werden. Diese Folgen auf das öffentliche Leben lassen sich in der folgenden Darstellung zusammenfassen:

---

[52] Reiter, Sabine / Haas, Walter (2005), S. 35.
[53] Vgl. Hewitt, Jonathan (2006), S. 16.

22

Abbildung 3 Auswirkungen einer Pandemie auf das öffentliche Leben

	Erkrankungsrate 15%	Erkrankungsrate 30%	Erkrankungsrate 50%
Medizinische Versorgung	belastet	nur Notfälle	zusammen-gebrochen
Öffentliche Infrastruktur	normal	einzelne Ausfälle	Katastrophe
Öffentliche Stimmung	belastet	Krise	Hysterie
Zulieferung/ Nachfrage	normal	einzelne Ausfälle	Ausfall

Institut für Biologische Sicherheitsforschung GmbH, Halle[54]

2.5 Einschätzung der augenblicklichen Gefahrensituation

Die aktuelle Risikoeinschätzung für den Ausbruch einer Pandemie spielt für die Unternehmensbeurteilung, ob die Gefahr einer Pandemie im Rahmen des Risikomanagements aufgegriffen werden sollte, eine entscheidende Rolle.

Durch die WHO wird eine Pandemie in drei Perioden mit sechs unterschiedlichen Phasen eingeteilt. Diese beschreiben den Verlauf einer Pandemie vom ersten Auftreten eines neuen Influenza-Subtyps im Tierreich bis hin zur weltweiten Ausbreitung der Erkrankung beim Menschen. Wird eine neue Phase erreicht, wird dies durch die WHO bekannt gegeben.

---

[54] Kekulé, Alexander (2008), S. 18.

Abbildung 4 WHO Phaseneinteilung einer Influenzapandemie

Die WHO unterscheidet sechs Pandemiephasen:

Phase 1	Entdeckung eines neuen Virus-Subtyps in Tieren; keine Gefahr für den Menschen	Interpandemische Phase
Phase 2	Entdeckung eines neuen Virus-Subtyps in Tieren; mögliche Gefährdung für den Menschen	
Phase 3	Vereinzelte Infizierung beim Menschen, aber keine bzw. kaum Übertragung von Mensch zu Mensch	Pandemische Warnphase
Phase 4	Begrenzte Infektionshäufung mit vereinzelten Mensch zu Mensch Ansteckungen	
Phase 5	Erhöhung der Infektionen mit örtlich begrenzten Mensch zu Mensch Übertragungen	
Phase 6	Steigende und andauernde Übertragung von Mensch zu Mensch in der gesamten Bevölkerung	Pandemische Phase

Creditreform Rating AG/CCS,
Robert-Koch-Institut[55]

Der wahrscheinlichste Auslöser einer Pandemie ist nach Ansicht der WHO zurzeit der Vogelgrippevirus H5N1.[56] Die augenblickliche Situation wird von der WHO der Phase 3 zugeordnet.[57] Um eine Pandemie letztendlich auslösen zu können, fehlt dem Virus gegenwärtig noch die Fähigkeit, sich von Mensch zu Mensch auszubreiten. Alle bisher erkrankten Personen hatten einen engen Kontakt zu infiziertem Geflügel. Mit jeder Ansteckung steigt jedoch die Gefahr, dass es durch eine gleichzeitige Infektion von Vogelgrippeviren und menschlichen Influenzaviren zu einem Genaustausch dieser beiden Viren kommt. Der so neu gebildete Krankheitserreger kann unter Umständen die Fähigkeit haben, von Mensch zu Mensch überzugehen.[58] Bisher sind die Zahlen der infizierten Personen äußerst gering. Bis zum Jahr 2006

---

[55] Thiel, Dirk (2007), S. 6.
[56] Vgl. Weltgesundheitsorganisation (2005), S. 5.
[57] Vgl. Bundesamt für Gesundheit (2005), S. 725.
[58] Vgl. Auswärtiges Amt, Gesundheitsdienst (Hrsg.)(2005), S. 3.

stiegen die Fälle der infizierten und verstorbenen Personen kontinuierlich an. Im Jahr 2007 war ein leichter Rückgang zu verzeichnen.

Abbildung 5 H5N1-Fälle beim Menschen

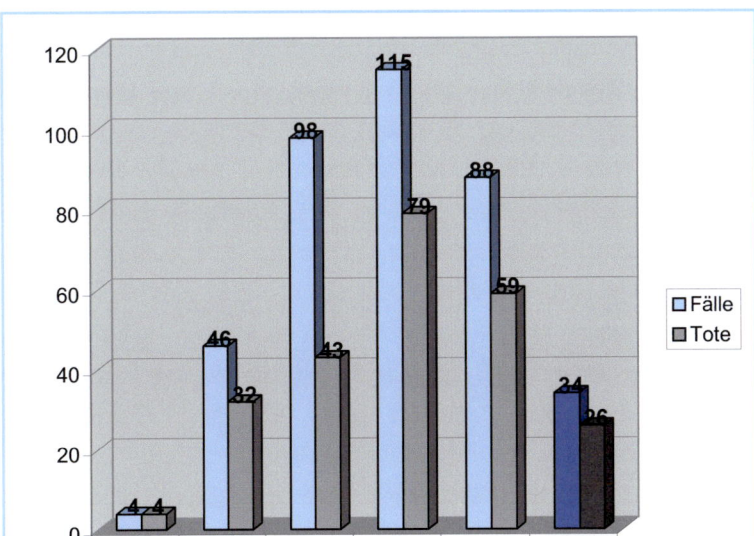

Weltgesundheitsorganisation (WHO)[59]

Würde dem Vogelgrippevirus die Anpassung gelingen, sich von Mensch zu Mensch auszubreiten, kann ein für das menschliche Immunsystem vollständig unbekannter Krankheitserreger entstehen, der ein pandemisches Potential besitzt.[60] Aus diesen Gründen gehen sowohl die WHO, als auch das Robert Koch-Institut davon aus, dass zurzeit die Gefahr einer Pandemie so groß ist, wie seit Jahrzehnten nicht mehr.[61]

---

[59] Vgl. WHO (2008).
[60] Vgl. Bundesärztekammer, Kassenärztliche Bundesvereinigung (2006), S. 17.
[61] Vgl. Robert Koch-Institut (2007).

2.6 Zusammenfassung: Pandemien

In der Geschichte der Menschheit sind immer wieder Erkrankungen aufgetreten, die Ländergrenzen überschritten haben und von der große Teile der Bevölkerung betroffen waren. Erreicht eine Erkrankung den Status einer weltweiten Ausbreitung, spricht man auch von einer Pandemie. Mit Blick auf die Folgen von Pandemien in der Vergangenheit ist festzustellen, dass Pandemien oft mit einer hohen Anzahl von Erkrankten verbunden sind und eine hohe Sterblichkeitsrate aufweisen. Aufgrund dessen haben Pandemien Einfluss auf das öffentliche Leben und die Weltwirtschaft. Zurzeit wird besonders vor den Gefahren einer Pandemie durch Influenzaviren gewarnt. Als Verursacher könnte das Vogelgrippevirus H5N1 auftreten. Dieses Virus konnte bisher nur Menschen infizieren, die einen engen Kontakt mit Geflügel hatten. Ein effektiver Übergang des Virus von Mensch zu Mensch ist bisher noch nicht aufgetreten. Sollte dies gelingen, könnte H5N1 als Auslöser einer Pandemie in Frage kommen. Aufgrund der hohen Mobilität in unserer Zeit hätte ein Virus die Möglichkeit, sich in kürzester Zeit weltweit auszubreiten. Bei einer anzunehmenden Erkrankungsrate von 30 Prozent in der Bevölkerung würde die Gesellschaft vor immensen Herausforderungen stehen, um die Folgen und Auswirkungen einer solchen weltweiten Krankheitswelle zu bewältigen. Die entscheidende Frage, zu welchem Zeitpunkt die nächste Pandemie ausbricht, muss zunächst jedoch unbeantwortet bleiben.

3 Volkswirtschaftliche Effekte einer Pandemie

Die verschiedenen Szenarien einer Pandemie wurden bereits herausgearbeitet. Dadurch, dass klare Vorhersagen über das Ausmaß einer zukünftigen Pandemie gegenwärtig nicht möglich sind, können auch nur in sehr beschränktem Maße gesicherte Aussagen über die volkswirtschaftlichen Auswirkungen einer Pandemie gemacht werden. Vor diesem Hintergrund ist auch zu erklären, dass die Erwartungen der verschiedenen Wirtschaftsinstitute erheblich voneinander abweichen. Die Vorhersagen für den Fall des Eintritts einer Pandemie reichen von einem kaum nachweisbaren Produktionsausfall bis hin zu einer schweren Rezession.[62] Aus diesem Grund sollte man den veröffentlichten Zahlen und Vorhersagen über die Auswirkungen einer Pandemie kritisch gegenüber stehen, weil sie das Ergebnis einer Kette unsicherer Annahmen ist.[63] Trotzdem gibt es durchaus Gemeinsamkeiten in den Erwartungen über die volkswirtschaftlichen Auswirkungen einer weltweiten Infektionskrankheit, die im Folgenden diskutiert werden sollen.

3.1 Auswirkungen einer Pandemie auf die Volkswirtschaft

Um eine Einschätzung der volkswirtschaftlichen Folgen einer Pandemie zu erhalten, bietet es sich an, die Konsequenzen auf der Angebot- und Nachfrageseite zu betrachten. Auch hilft eine Beschreibung der kurz-, mittel- und langfristigen Effekte einer Pandemie, um die möglichen volkswirtschaftlichen Schäden einer Pandemie abzubilden. Diese Betrachtung hat den Vorteil, allgemeingültige Aussagen - unabhängig von der Wahl eines Pandemieszenario - treffen zu können.

Auswirkungen auf der Nachfrageseite
Der Ausbruch einer Pandemie wird absehbar zu einer Veränderung des Konsumverhaltens führen. Für Verbraucher ist es kaum möglich, die Gefahren einer Pandemie realistisch einzuschätzen. Die Bevölkerung wird dazu neigen, das Krankheitsrisiko höher zu bewerten, als es faktisch ist. Verschärft wird diese Fehleinschätzung durch

---

[62] Vgl. Allianz, Rheinisch-Westfälisches Institut f. Wirtschaftsforschung (2006), S. 8.
[63] Vgl. Allianz, Rheinisch-Westfälisches Institut f. Wirtschaftsforschung (2006), S. 38.

die Tatsache, dass das reale Gefahrenpotential des Erregers erst im Verlauf der Pandemie feststehen wird.[64] Aufgrund dieser Angst ist zu erwarten, dass Konsumenten ihre Wohnung nur notwendigerweise verlassen werden und die Nachfrage nach Verbrauchsgütern auf das Lebensnotwendige begrenzen werden.[65] Durch den zu erwartenden Nachfrageausfall werden besonders der Einzelhandel, Gaststätten, touristische und Freizeiteinrichtungen sowie der öffentliche Nah- und Fernverkehr betroffen sein.[66] Wie stark diese Auswirkungen sein können, zeigte sich 2003 am Ausbruch der Lungenerkrankung SARS. Dabei überschritt diese Seuche aus medizinischer Sicht nicht den Status von normalen Gesundheitsrisiken, aber dessen ungeachtet brach das Bruttoinlandsprodukt in Ostasien im zweiten Quartal des Jahres 2003 um zwei Prozent ein. Auch kam die Nachfrage in der Reise- und Tourismusbranche schlagartig zum Erliegen.[67] Aufgrund der Behinderungen im Transportwesen stiegen in China die Preise für LKW-Transporte in der Zeit der SARS-Krise um zwei Drittel. Auch litt das Anlageklima in Südostasien, so dass ausländische Investitionen in den von SARS betroffenen Gebieten spürbar zurückgingen.[68]

Eine gegensätzliche Wirkung auf der Nachfrageseite wird sich absehbar in der Reaktion des Staates wiederspiegeln. Aufgrund der steigenden Zahl von Pandemieopfern werden die Gesundheitsausgaben anwachsen. So wird neben den Ausgaben für die medizinische Versorgung auch die Nachfrage nach medizinischen Produkten steigen.[69]

Auswirkungen auf der Angebotsseite
Wir stellen schon heute fest, dass in Unternehmen deutliche Personalengpässe bestehen. So gaben in einer Untersuchung des Instituts für Management- und Wirtschaftsforschung (IMWF) 38 Prozent der befragten Fach- und Führungskräfte an, dass das vorhandene Personal nicht ausreiche, um alle Aufgaben zu erfüllen.[70] Die Folgen dieses Personalmangels reichen von einer Mehrbelastung der Kollegen bis

---

[64] Vgl. Allianz, Rheinisch-Westfälisches Institut f. Wirtschaftsforschung (2006), S. 42.
[65] Vgl. Gauchel-Petrovic, Danica / Flieger, Angelika (2007), S. 27.
[66] Vgl. Bundesamt f. Bevölkerungsschutz u. Katastrophenhilfe, Regierungspräsidium Stuttgart, Landesgesundheitsamt (2007), Anhang 2 H2, S. 3.
[67] Vgl. Peichl, Monika (2006).
[68] Vgl. Döring, Ole (2003), S. 456.
[69] Vgl. Bundesamt f. Bevölkerungsschutz u. Katastrophenhilfe, Regierungspräsidium Stuttgart, Landesgesundheitsamt (2007), Anlage 2 H2, S. 5.
[70] Vgl. IMWF Institut für Management- und Wirtschaftsforschung GmbH (2008), S. 5.

zum Verlust von Aufträgen. Besonders groß sind die Personalengpässe in mittelständischen Betriebe. Fast zwanzig Prozent der Unternehmen mit einer Belegschaft bis zu 1.000 Beschäftigten gaben bei der Befragung des Instituts für Management- und Wirtschaftsforschung (IMWF) an, dass Aufträge storniert werden mussten, weil aufgrund von krankheitsbedingter Ausfälle eine termingerechte Lieferung nicht möglich war.[71] Im Fall einer Pandemie würde sich diese Situation weiter verschärfen, denn neben den krankheitsbedingten Ausfällen würden folgende Gründe die Ausfallquote im Betrieb weiter ansteigen lassen:

- Mitarbeiter, die aufgrund von Beschränkungen im öffentlichen Nahverkehr nicht am Arbeitsplatz erscheinen können,

- Mitarbeiter, die die Pflege von erkrankten Familienmitgliedern übernehmen müssen,

- Mitarbeiter, die aus Angst vor Ansteckung vom Arbeitsplatz fernbleiben.[72]

Die Folgen - gerade für Wirtschaftsbereiche, die auf hochqualifizierte Arbeitskräfte angewiesen sind - wären eine Beeinträchtigung der Produktion und von Lieferketten, was wiederum eine Verringerung des Angebots zur Folge hätte. Der Ansatz den Ausfall des Personals kurzfristig durch die Einstellung neuer Arbeitskräfte auszugleichen, würde aufgrund des kurzen Zeitrahmens im Pandemiefall und fehlender Möglichkeiten zur Einarbeitung ausscheiden.[73] Ein weiterer Grund für den Rückgang des Angebotes würde sich aufgrund der Beschränkungen im internationalen Transport ergeben. Beim Ausbruch einer Pandemie ist zu erwarten, dass Einschränkungen im Außenhandel greifen würden, um so eine Ausbreitung des Grippevirus einzudämmen. Dies hätte gravierende Auswirkungen für die Import- und Exportwirtschaft. Die daraus resultierende Rohstoffverknappung würde vor dem Hintergrund des *„just in time-Managements"* unweigerlich zu weiteren Produktionsausfällen führen (s. auch Abschnitt 4.2).[74]

---

[71] Vgl. IMWF Institut für Management- und Wirtschaftsforschung GmbH (2008), S. 6.
[72] Vgl. F.A.Z-Institut für Management-, Markt- und Medieninformationen GmbH, IMWF Institut für Management- und Wirtschaftsforschung GmbH (2008), S. 3.
[73] Vgl. Muth, Clemens / Zweimüller, Manuela (2007), S. 9; Allianz, Rheinisch-Westfälisches Institut f. Wirtschafsforschung (2006), S. 43.
[74] Vgl. Bundesamt für Bevölkerungsschutz und Katastrophenhilfe, Regierungspräsidium Stuttgart, Landesgesundheitsamt (2007), Anlage 2 H2, S. 4.

Kurzfristige Auswirkungen

Die erste spürbare Auswirkung einer Pandemie wird eine steigende Nachfrage nach Leistungen im Gesundheitswesen sein. Aufgrund dieser steigenden Nachfrage würde es zu Engpässen in der Versorgung der Patienten kommen und die Qualität der Behandlung eingeschränkt werden. Da es auch im Gesundheitssystem zwangsläufig zu Personalausfällen kommen wird, ist mit einer laufenden Verschärfung der Situation zu rechnen.[75] Weiterhin wird sich das Konsumverhalten der Bevölkerung kurzfristig verändern. Aufschiebbare Einkäufe, der Besuch von Veranstaltungen oder auch Urlaubsreisen werden vom Verbraucher vermieden werden. Durch staatliche Eingriffe zur Eindämmung der Ausbreitung des Pandemievirus könnte das Transportwesen eingeschränkt, öffentliche Veranstaltungen untersagt und Schulen geschlossen werden. Ein Stillstand des öffentlichen Lebens kann in diesem Fall nicht ausgeschlossen werden.[76]

Mittelfristige Auswirkungen

Durch einen allgemeinen Rückgang der wirtschaftlichen Aktivitäten im Fall einer Pandemie wird auch das Bruttoinlandsprodukt sinken. Die abnehmende private Nachfrage würde zu einer Verringerung der Investitionstätigkeit führen. Durch die Beschränkungen im internationalen Handel würden exportorientierte Volkswirtschaften, wie die der Bundesrepublik Deutschland, zusätzlichen Belastungen ausgesetzt sein. Weiterhin würden, mit Ausnahme von Gütern des Gesundheitswesens und Lebensmitteln, auch die Preise sinken. Eine deflationäre Entwicklung wäre zu erwarten. Bei den Kapitalmärkten dürfte eine Verschiebung der Nachfrage von Aktien hin zu Renten eintreten, weil Anleger ihre Investitionen absehbar durch festverzinsliche Anlagen absichern werden. In der Folge wären Zinssenkungen zu erwarten.[77]

Langfristige Auswirkungen

Langfristige Folgen einer Pandemie für die Volkswirtschaft wären nur bei Eintritt eines schweren Szenario denkbar. Aufgrund der bestehenden Produktionsreserven können Mortalitätsausfälle, unter der Annahme eines milden Szenario, nach Ende

---

[75] Vgl. Allianz, Rheinisch-Westfälisches Institut f. Wirtschaftsforschung (2006), S. 43.
[76] Vgl. Bundesamt für Bevölkerungsschutz und Katastrophenhilfe, Regierungspräsidium Stuttgart, Landesgesundheitsamt (2007), Anlage 2 H2, S. 3.
[77] Vgl. Muth, Clemens / Zweimüller, Manuela (2007), S. 9.

der Pandemie ausgeglichen werden.[78] Als langfristige Folge ist die Gefahr einer steigenden Verschuldung von Staaten zu nennen. Für Regierungen kann die Situation eintreten, dass ein Haushaltsdefizit aufgrund von Einnahmeausfällen, als Folge der wirtschaftlichen Belastung und höheren Ausgaben aufgrund von staatlichen Interventionen nur durch eine erhöhte Kreditaufnahme ausgeglichen werden kann.[79] Positiv kann die langfristige Prognose der Nachfrageentwicklung bewertet werden. So kommentierte Stefan Bielmeier, Analyst bei der Deutschen Bank, die langfristigen Konsequenzen einer Pandemie wie folgt: „Spätestens nach einem halben Jahr wäre eine Pandemie ausgestanden. Diejenigen, die überlebt haben, werden aus Freude darüber um so mehr konsumieren."[80]

3.2 Volkswirtschaftliche Bereiche, die von einer Pandemie besonders beeinflusst werden

Die beschriebenen ökonomischen Folgen einer Pandemie zeigen, dass es vermutlich keinen wirtschaftlichen Bereich geben werde, der von den Auswirkungen unbeeinflusst bleibe. Das Schweizer Bankhaus Julius Bär hat sich mit der Frage beschäftigt, welche Wirtschaftssektoren im Fall einer Pandemie besonders betroffen seien. Analog der unterschiedlichen Phasen der WHO (vgl. Kapitel 2.5) wird in diesem Zusammenhang herausgearbeitet, welche Wirtschaftszweige in den verschiednen Stadien einer Pandemie negativ bzw. positiv beeinflusst werden.[81]

Branchenwirkung in der vorpandemischen Phase

In der vorpandemischen Phase werde der Bevölkerung bewusst, dass die Gefahr des Ausbruchs einer weltweiten Infektionskrankheit real sei. In dieser Zeit nehme die Nachfrage nach antiviralen Medikamenten zu. Auch die Bereitschaft, Gelder für die Entwicklung neuer Impfstoffe zur Verfügung zu stellen, wird steigen. Aus diesem Grund werden in der vorpandemischen Phase pharmazeutische und biotechnologi-

---

[78] Vgl. Allianz, Rheinisch-Westfälisches Institut für Wirtschaftsforschung (2006), S. 44.
[79] Vgl. Bundesamt für Bevölkerungsschutz und Katastrophenhilfe, Regierungspräsidium Stuttgart, Landesgesundheitsamt (2007), Anlage 2 H2, S. 5.
[80] Allianz, Rheinisch-Westfälisches Institut f. Wirtschaftsforschung (2006), S. 51.
[81] Vgl. Bankhaus Julius Bär & Co AG (Hrsg.) (2005), S. 11.

sche Unternehmen wirtschaftlich profitieren.[82] Dieser Effekt lässt sich schon jetzt beobachten. Wie bereits erläutert, handelt es sich bei der Vogelgrippe um eine Tierseuche. Trotzdem hat die Gefahr vom Übergang des Virus auf den Menschen und damit das Risiko, dass es zu einem Ausbruch einer Pandemie kommt schon jetzt Auswirkungen auf die Wirtschaft. So gelang es dem Schweizer Pharmakonzern Roche den Absatz des Antigrippemittel „Tamiflu" im Jahr 2005 um 350 Prozent zu steigern. Damit erreichte „Tamiflu" einen Jahresumsatz von mehr als einer Milliarden Dollar.[83] Unter Berücksichtigung dessen, dass beispielsweise die Bundesrepublik Deutschland plant, ein Depot für Neuraminidase-Hemmer - so bezeichnet man Medikamente die die Ausbreitung von Viren im Körper verhindern - für zwanzig Prozent der Bevölkerung anzulegen und dafür 200 Millionen Euro bereitstellt, lässt sich der wirtschaftliche Erfolg für die Pharmaindustrie abschätzen.[84] Auch die positiven Effekte für den Bereich der Biotechnologie sind schon jetzt erkennbar. So wurden von der deutschen Regierung 20 Millionen Euro für die Entwicklung eines humanen Impfstoffs gegen die Vogelgrippe bewillig.[85]

Branchenwirkung bei Ausbruch der Krankheit

Bei Ausbruch der Erkrankung werde von Seiten des Staates versucht werden, die Übertragungswege des Virus zu unterbrechen. Als notwendige Maßnahme, sei eine Einschränkung des Flug- und Reiseverkehrs denkbar. Aber auch Maßnahmen zur Isolierung erkrankter Personen könnten von staatlicher Seite zur Eindämmung des Virus angeordnet werden. Weiter werde es bei Ausbruch einer Pandemie zu Einschränkungen von öffentlichen und wirtschaftlichen Dienstleistungen kommen.[86] Die Tourismuswirtschaft werde folglich die erste Branche sein, die vom Ausbruch einer Pandemie betroffen wäre. So rechnet das Haushaltsamt des Kongresses der Vereinigten Staaten (Congressional Budget Office - CBO) bei einem „milden" Verlauf der Pandemie mit Umsatzeinbußon von bis zu zwanzig Prozent bei Hotels und Gaststätten. Sollte die Pandemie einen schweren Verlauf nehmen, könnten diese Ausfälle auf bis zu achtzig Prozent ansteigen.[87] Weiterhin

---

[82] Vgl. Bundesamt für Bevölkerungsschutz und Katastrophenhilfe, Regierungspräsidium Stuttgart, Landesgesundheitsamt (2007), Anlage 2 H2, S. 4.
[83] Vgl. Allianz, Rheinisch-Westfälisches Institut f. Wirtschaftsforschung (2006), S. 55.
[84] Vgl. Tröger, Uwe / Bode-Böger, Stefanie (2006), S. 3487.
[85] Vgl. Richter-Kuhlmann, Eva (2005), S. 2996.
[86] Vgl. Schöder-Bäck, Peter / Sass, Hans-Martin / Brand, Helmut et al. (2008), S. 192.
[87] Vgl. Allianz, Rheinisch-Westfälisches Institut f. Wirtschaftsforschung (2006), S. 59.

seien das Transportwesen, Fluglinien und Flughäfen besonders betroffen. So sei zu erwarten, dass der Flugverkehr zum Erliegen komme. Ebenfalls werde der Schiffs- und LKW-Transport eingeschränkt werden. Die Erwartungen der Einbußen im Transportwesen liegen zwischen 17 und 67 Prozent.[88] Ferner leide der Einzelhandel unter der Konsumzurückhaltung der Verbraucher. So werden die Umsatzeinbußen im deutschen Einzelhandel bei einem milden Szenario auf sechs Milliarden Euro und bei einem schweren Szenario auf bis zu 21 Milliarden Euro geschätzt.[89]

Abbildung 6 Pandemie-Szenarien: Nachfrageausfall

Nachfrageausfall	Mildes Szenario		Schweres Szenario	
	in %	in Mrd. Euro	in %	in Mrd. Euro
Landwirtschaft	3,00	0,64	10,00	2,14
Bergbau	3,00	0,12	10,00	0,39
Bau	3,00	2,53	10,00	8,45
Verarbeitende Gewerbe	3,00	2,53	10,00	43,40
Groß-Einzelhandel	3,00	6,31	10,00	21,04
Transport	17,00	11,61	67,00	45,75
Gesundheitswesen	-4,00	-5,60	-15,00	-21,01
Gastgewerbe	20,00	6,10	80,00	24,38
Kultur	20,00	7,77	80,00	31,10
Sonstige Dienste	1,00	0,53	5,00	2,73
Insgesamt	**2,20**	**43,04**	**8,10**	**158,36**

Allianz, Rheinisch-Westfälisches Institut für Wirtschaftsforschung[90]

Branchenwirkung bei Ausbreitung der Krankheit

Durch die Ausbreitung der Krankheit werde der Profit der Unternehmen im Gesundheitswesen steigen. Die Auslastung der Krankenhäuser und die Nachfrage nach Medikamenten würde sich erhöhen.[91] Absehbare Folgen seien somit steigende Kosten für die medizinische Versorgung. Die damit verbundene Inanspruchnahme

---

[88] Vgl. Allianz, Rheinisch-Westfälisches Institut f. Wirtschaftsforschung (2006), S. 60.
[89] Vgl. Godek, Manfred (2007).
[90] Allianz, Rheinisch-Westfälisches Institut f. Wirtschaftsforschung (2006), S. 58.
[91] Vgl. Allianz, Rheinisch-Westfälisches Institut f. Wirtschaftsforschung (2006), S. 57.

von Versicherungsleistungen belaste die Versicherungswirtschaft in hohem Maße.[92] Manche kleinere Unternehmen könnten im Fall einer Pandemie auch profitieren. So könnten sich beispielsweise Chancen für Betriebe ergeben, die zum Beispiel einen Lieferservice von Lebensmitteln anbieten. Aber auch Internethändler könnten in einer solche Situation profitieren. [93]

Branchenwirkung durch die Auswirkungen einer Krise der Weltwirtschaft im Fall einer Pandemie

Auch wenn nicht mit einem Zusammenbruch der Weltwirtschaft zu rechnen sei, bestehe die Möglichkeit, dass die konjunkturellen Einbrüche aufgrund einer Pandemie zu einer Krise in der Weltwirtschaft führen.[94] Insbesondere werden Länder, die einen niedrigeren Entwicklungsstand haben als die westlichen Industrienationen von den Auswirkungen einer Pandemie betroffen sein. Als Grund kann angeführt werden, dass diese Länder nicht über ausreichende Ressourcen verfügen, um eine angemessene Risikovorsorge zu treffen. Allein in China und Indien wären 2,4 Milliarden Menschen - und damit 33 Prozent der Weltbevölkerung - betroffen. Sollte es in diesen Ländern zu einer Stagnation der Konjunktur kommen, wären die Folgen auch in der restlichen Welt zu spüren. Die weltweiten Auswirkungen können wie folgt begründet werden: Diese Länder verfügen gegenwärtig über das dynamischste Wirtschaftswachstum und zählen damit zu den größten Verbrauchern von Rohstoffen. Eine Abschwächung der Konjunktur in diesen Ländern würde unweigerlich auch zu sinkenden Rohstoffpreisen führen, was wiederum Auswirkungen auf den weltweiten Rohstoffmarkt hätte und zu einer Belastung der internationalen Lieferketten führen würde.[95]

Branchenwirkungen durch panikartige Reaktionen

Sollte es auf dem Höhepunkt der Pandemie zu panikartigen Reaktionen kommen, wäre vor allem das Finanzwesen von den Auswirkungen betroffen. So zögen Anleger ihr Engagement in den am stärksten betroffenen Ländern zurück. Zudem würden sie ihre Anlage in als sicher geltende Währungen oder Goldanlagen umschichten.

---

[92] Vgl. Bank Julius Bär & Co AG (Hrsg.) (2005), S. 11.
[93] Vgl. Bundesamt für Bevölkerungsschutz und Katastrophenhilfe, Regierungspräsidium Stuttgart, Landesgesundheitsamt (Hrsg.) (2007), L2, S. 3.
[94] Vgl. Muth, Clemens / Zweimüller, Manuela (2007), S. 9.
[95] Vgl. Bank Julius Bär & Co AG (Hrsg.) (2005), S. 10-11.

Hieraus resultieren beispielsweise steigende Goldpreise mit entsprechenden positiven Folgen für die Goldindustrie.[96]

3.2 Zusammenfassung: Volkswirtschaftliche Auswirkungen einer Pandemie

Eine Pandemie hat unmittelbare Auswirkungen auf die betroffene Volkswirtschaft. Dabei wäre vor allem mit Nachfrageausfällen zu rechnen. Wovon besonders der Einzelhandel, der Tourismus, Gaststätten und öffentliche Einrichtungen betroffen sind. Dem gegenüber steht eine erhöhte Nachfrage nach Gesundheitsleistungen. Die Folge sind, mit Ausnahme von Gesundheitsleistungen, sinkende Preise. Aufgrund der Krankheitswelle steigt die Abwesenheitsrate von Mitarbeitern. Dadurch käme es zu einem Nachlassen der Arbeitsleistung kommen. Aufgrund dessen nähme die Angebotsmenge ab. Zur Eindämmung der Verbreitung des Virus käme es zu Einschränkungen im Transportwesen. Daher werden Versorgungsketten unterbrochen. Dies könnte vor dem Hintergrund des „Just-in-time-Managements" zu Produktionsproblemen in der Industrie führen. Außerdem wird der Außenhandel dadurch stark eingeschränkt werden. Alles in allem wäre mit einem Rückgang der wirtschaftlichen Leistung zu rechnen. Dies würde unmittelbar zu negativen Auswirkungen auf das Bruttosozialprodukt führen. Eine weitere Folge einer Pandemie wäre die steigende Inanspruchnahme des Gesundheitswesens. Die Konsequenz wären wachsende Ausgaben für die medizinische Versorgung der Bevölkerung. Dadurch käme es zu steigenden Staatsausgaben und einer zusätzlichen Belastung der Versicherungswirtschaft.

Die Auswirkungen auf die einzelnen Wirtschaftsbereiche sind in der folgenden Abbildung verdeutlicht.

---

[96] Vgl. Bundesamt für Bevölkerungsschutz und Katastrophenhilfe, Regierungspräsidium Stuttgart, Landesgesundheitsamt (2007), Anhang 2 H2, S. 4.

Abbildung 7
Auswirkungen der Pandemie auf Gewerbezweige im *Worst-Case*-Szenarium

Pandemie Phase (WHO)	Merkmale	Wirtschaftliche Auswirkungen	Gewerbezweige	Effekte
4	Vor-pandemische Phase	Starke Nachfrage nach antiviralen Medikamenten und Grippeimpfstoffen,	Pharmazeutik	positiv
		Entwicklung neuer Impfstoffe	Biotechnologie	positiv
5/6	Ausbruch der Krankheit	Einschränkung des freien Personenverkehrs,	Fluglinien, Flughäfen, Transport	negativ
			Tourismus, Gastgewerbe,	negativ
		Unterbrechung der Nahrungsversorgung	Konsumgüter, Nahrungsmittel	negativ
6	Ausbruch der Krankheit	Erhöhte Auslastung der Krankenhäuser,	Gesundheitswesen	positiv
		starke Nachfrage nach Medikamenten,	Pharmazeutik	positiv
		Kosten für medizinische und Versicherungsleistungen steigen	Versicherungen	negativ
6	Weltwirtschaft ist betroffen	Einbruch asiatischer Volkswirtschaften,	Zyklische Sektoren	negativ
		sinkende Rohstoff- und Ölpreise,	Ölverarbeitende Industrie	negativ
		weiter hohe Nachfrage nach Gesundheitsleistungen	Pharmazeutik, Gesundheitswesen	positiv
6	Panik	Steigender Goldpreis,	Goldindustrie	positiv
		Aufwertung als sicher geltender Währungen,	Finanzwesen	positiv
		Kapitalabfluss aus dem am stärksten betroffenen Ländern,	Finanzwesen	negativ
		Kurzfristige Zinssätze fallen als Reaktion auf Interventionen der Zentralbanken,	Finanzwesen	negativ
		langfristige Zinssätze steigen	Finanzwesen	positiv

Group Investment Research Julius Bär[97]

---

[97] Bundesamt für Bevölkerungsschutz und Katastrophenhilfe, Regierungspräsidium Stuttgart, Landesgesundheitsamt (2007), Anlage 2 H2, S. 4.

4 Auswirkungen einer Pandemie auf das einzelne Unternehmen

Die Konsequenzen einer Pandemie für die betroffene Volkswirtschaft wurden bereits beleuchtet. Darüber hinaus stellt sich jedoch die Frage, welche Auswirkungen eine Pandemie auf das einzelne Unternehmen haben wird? Das F.A.Z. Institut für Management-, Markt- und Medieninformationen und das IMWF (Institut für Management- und Wirtschaftsforschung) haben Unternehmen aus den Bereichen der Industrie, des Handels und den Dienstleistungen nach ihren Erwartungen zu den Auswirkungen einer Pandemie befragt. Von den befragten Unternehmen rechnen 82 Prozent mit hohen bis existenzbedrohenden wirtschaftlichen Auswirkungen wie die folgende Abbildung verdeutlicht.

Abbildung 8
Einschätzung des betriebswirtschaftlichen Schadens einer Pandemie für das eigene Unternehmen

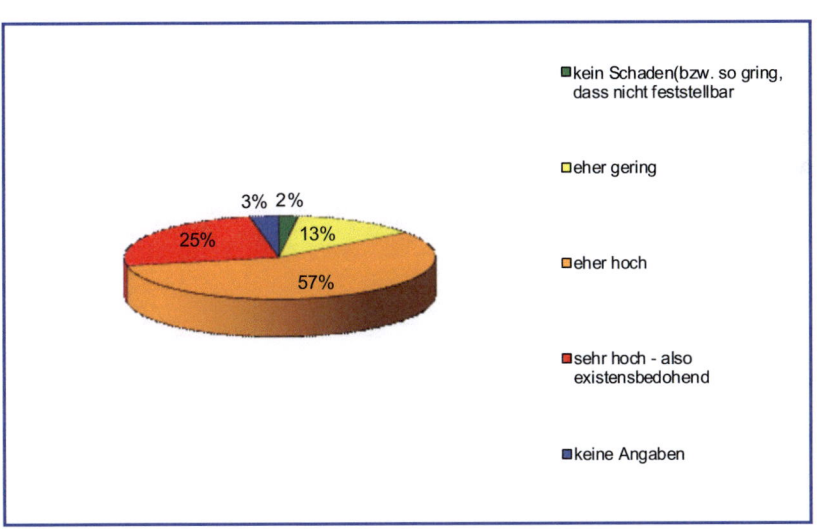

IMWF Institut für Management- und Wirtschaftsforschung, F.A.Z-Institut[98]

---

[98] Preußer, Jaqueline / Alms, Wilhelm (2008), S. 7.

Die größten Befürchtungen der deutschen Unternehmen werden in dem zu erwartenden Krankenstand gesehen. Aufgrund krankheitsbedingter Fehltage rechnen 88 Prozent der Unternehmen damit, dass die Abwicklung von Aufträgen im Fall einer Pandemie gefährdet sind. Eine weitere Belastung kann sich aufgrund von Lieferschwierigkeiten von Lieferanten ergeben. Über zwei Drittel der befragten Unternehmen äußerten die Sorge, dass Produktionsausfälle zu erwarten sind, weil Zulieferer nicht rechtzeitig liefern können. Eine weitere Sorge sind Störungen, die in Beschränkungen des Personenverkehr begründet sind.[99]

Abbildung 9 Pandemiefolgen im eigenen Unternehmen
(in % der Befragten)

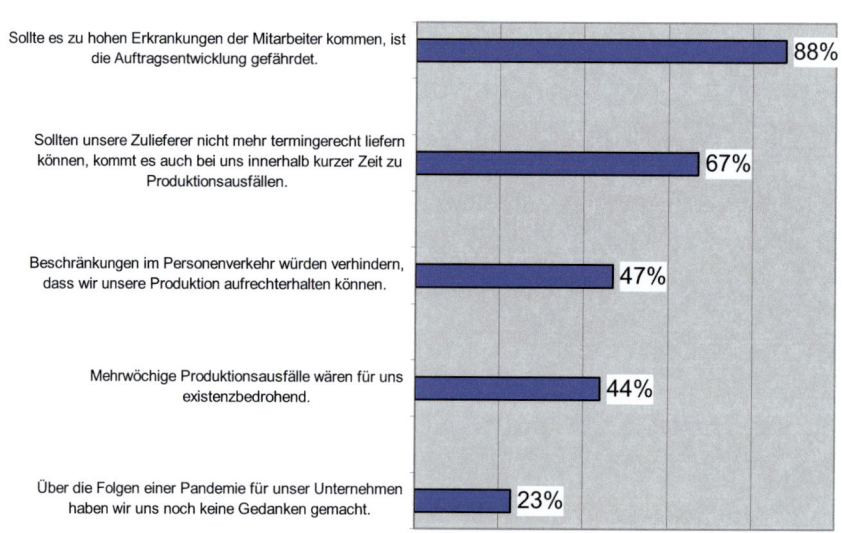

IMWF Institut für Management- und Wirtschaftsforschung, F.A.Z-Institut[100]

Im Folgenden soll deshalb untersucht werden, ob diese Befürchtungen berechtigt sind. Dabei sollen die Effekte beleuchtet werden, die aufgrund der Erkrankungen von Mitarbeitern und deren Familienangehörigen zu erwarten sind und wie sich Störungen in den Versorgungssystemen auf die Unternehmen auswirken können. Weiterhin soll die Wechselwirkung zwischen den Unternehmen und den Veränderungen im wirtschaftlichen Umfeld als Folge einer Pandemie betrachtet werden.

---

[99] Vgl. Preußer, Jaqueline / Alms, Wilhelm (2008), S. 7.
[100] Preußer, Jaqueline / Alms, Wilhelm (2008), S. 7.

4.1 Auswirkungen aufgrund der Erkrankung von Mitarbeitern und deren Familienangehörigen

Allein durch die alljährlich auftretenden Grippewellen steigen die Ausfalltage in deutschen Betrieben erheblich an. So verursachte die Grippesaison 2006/2007 in Deutschland 960.000 zusätzliche Arbeitsunfähigkeitstage. Dabei bewegte sich die Zahl der infizierten Personen im üblichen Rahmen.[101] Diese Zahlen können auf bis zu 2,4 Millionen zusätzlicher Arbeitsunfähigkeitstage steigen, wie das Beispiel in der Grippesaison 2004/2005 verdeutlicht.[102] Eine Grippewelle normalen Ausmaßes entspricht einer Erkrankungsrate von ca. zehn Prozent der Bevölkerung. Im Fall einer Pandemie besteht die Möglichkeit, dass diese Quote auf bis zu dreißig Prozent anwächst. Aber nicht allein aufgrund einer Erkrankung wird die Anzahl von Fehltagen zunehmen. Mit weiteren Ausfällen ist zu rechnen, weil Mitarbeiter nicht zur Arbeit erscheinen, um die Pflege von Angehörigen übernehmen zu können. Auch werden Beschäftigte aus Angst vor Ansteckung der Arbeit fernbleiben. Folglich wird die Zahl der Personalausfälle im Fall einer Pandemie noch über der reinen Erkrankungsquote liegen.[103]

---

[101] Vgl. Arbeitsgemeinschaft Influenza (Hrsg.) (2007), S. 16 und 19.
[102] Vgl. Arbeitsgemeinschaft Influenza (Hrsg.) (2005), S.14.
[103] Vgl. Bundesamt für Bevölkerungsschutz und Katastrophenhilfe, Regierungspräsidium Stuttgart, Landesgesundheitsamt (2007), Leitfaden 3, S. 1-3.

Abbildung 10
Schematischer Verlauf einer Pandemiewelle mit Auswirkungen auf den Personalausfall

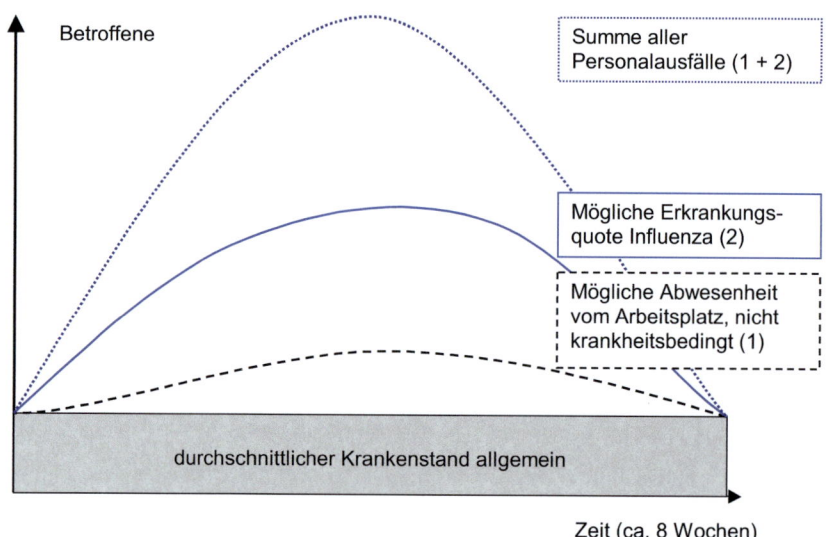

Bundesamt für Bevölkerungsschutz und Katastrophenhilfe, Regierungspräsidium Stuttgart, Landesgesundheitsamt[104]

Infolgedessen müssen Betriebe die Folgen eines erheblichen Personalmangels im Fall einer Pandemie bewältigen. Da jeder Mitarbeiter potentiell von einer Ansteckung bedroht sei, sei es nicht vorhersehbar, welche Mitarbeiter ausfielen und welche Betriebsbereiche besonders betroffen seien.[105] Dies könne zu erheblichen Störungen von Unternehmensprozessen führen, da ausgefallene Mitarbeiter aufgrund der allgemein geringen Personalreserven nicht vertreten werden könnten. Folgende Beispiele sollen die Auswirkungen eines Personalengpass im betroffenen Unternehmen exemplarisch verdeutlichen.

Der Ausfall des Pförtners führt bereits wegen einer fehlenden Zugangskontrolle zu Verzögerungen des Arbeitsbeginns im Unternehmen. Weiterhin wäre der Empfang

---

[104] Bundesamt für Bevölkerungsschutz und Katastrophenhilfe, Regierungspräsidium Stuttgart, Landesgesundheitsamt (2007), Leitfaden 3, S. 1.
[105] Vgl. Hotz, Manuela / Müller-Gauss, Uwe (2007a), S. 20.

von Besuchern und Lieferanten nicht möglich und Kontrollen von Fahrzeugen und Personen entfielen. Dies hätte zur Folge, dass eine mangelhafte Überprüfung des Waren- und Güterverkehrs stattfände und für die Ein- sowie Ausgänge im Unternehmen nur eine ungenügende Dokumentation erfolgen würde. All dies würde zu einer Behinderung des innerbetrieblichen Arbeitsablaufs führen. Ein weiteres Beispiel für Störungen, die im Zusammenhang mit Personalausfällen im Pandemiefall auftreten können, wäre der Verlust von Produktionsfachkräften. Durch diesen Ausfall könnten Störungen im technischen Ablauf nicht adäquat behoben werden. Dies könnte zu Unterbrechungen bzw. zum Produktionsstillstand führen. Dadurch wäre die Einhaltung von Lieferterminen nicht gesichert und Kundenaufträge gingen verloren. Dies würde im Unternehmen zu einem Absatz- und Umsatzrückgang führen. Als drittes Beispiel soll die Abwesenheit von Vertriebsmitarbeitern genannt werden. Die Folge wäre eine unzureichende Betreuung von Kunden. Auch die Gewinnung von Neukunden entfiele im Fall eines Ausfalls des Vertriebes. Diese Störung der Aktivitäten im Vertrieb würde zu einem Rückgang der Auftragslage führen. Somit könnten Absatzpläne nicht eingehalten werden und das Unternehmen müsste Umsatzeinbußen verkraften.[106]

Diese Beispiele ließen sich beliebig fortsetzen. In jedem Fall lässt sich jedoch bereits an dieser Stelle festhalten, dass der Personalausfall durch eine Pandemie zu Liquiditätseinbrüchen im Unternehmen führt und Einschränkungen im Betriebsablauf mit sich bringt.

4.2 Auswirkungen aufgrund von Störungen im Versorgungssystem

In der modernen Wirtschaft findet ein Prozess der Vernetzung der Wirtschaft und somit der Unternehmen statt. Diese Verknüpfung führt zu einer erhöhten Abhängigkeit zwischen den einzelnen Unternehmen, was besonders mit Blick auf die in der Industrie verbreitete „Just in time-Produktion" deutlich wird. Dabei werden Rohstoffe, Bauteile oder ähnliches erst zu dem Zeitpunkt von Zulieferern angeliefert, an dem sie in der Produktion benötigt werden.[107] Vor allem die Autoindustrie setzt auf dieses Produktionssystem. Sollten Lieferanten aufgrund von Einschränkungen im Trans-

---

[106] Vgl. Thiel, Dirk (2007), S. 9-11.
[107] Vgl. Wirtschaftslexikon24.net (2008).

portwesen oder wegen Personalausfällen nicht in der Lage sein, Liefertermine einzuhalten, hätte dies Auswirkungen auf die Produktion der Industrie. Wie sich solche Lieferengpässe auswirken können, zeigte sich anhand der Streikmaßnahmen der Gewerkschaft Deutscher Lokführer im zweiten Halbjahr 2007. Der volkswirtschaftliche Schaden wurde in dieser Zeit vom Deutschen Institut für Wirtschaftsforschung mit rund 45 Millionen Euro angegeben. Dies liege darin begründet, dass die Industrie ohne eine kontinuierliche Belieferung mit Waren nach ein bis zwei Tagen die Produktion einstellen müssen.[108]

Auch Einschränkungen in der öffentlichen Infrastruktur und Grundversorgung können die Folgen einer Pandemie im Unternehmen verstärken. Aufgrund von Personalausfällen in öffentlichen Einrichtungen müssen Unternehmen mit Einschränkungen im Bereich des öffentlichen Verkehrswesens, der Strom- und Wasserversorgung sowie mit Ausfällen im Telekommunikationswesen rechnen. Bei Ausfällen im öffentlichen Nahverkehr haben gesunde Mitarbeiter das Problem ihren Arbeitsplatz zu erreichen. Bei Schließungen von Kindergärten und Schulen stehen Mitarbeiter vor der Entscheidung, entweder ihrer Arbeit nachzugehen oder aber die Versorgung eigener Kinder zu übernehmen. Aber auch ein Ausfall von Telekommunikationseinrichtungen kann in Unternehmen, die von einer reibungslos funktionierenden EDV abhängig sind (z. B. Banken und Versicherungen), zu erheblichen Störungen im Betriebsablauf führen.[109]

4.3 Auswirkungen aufgrund der Veränderung im wirtschaftlichen Umfeld

Die volkswirtschaftlichen Auswirkungen einer Pandemie wurden bereits beleuchtet (vgl. Kapitel 3.1.). Diese Veränderungen im wirtschaftlichen Umfeld eines Unternehmens werden je nach Branche unterschiedliche Effekte auf die einzelnen Betriebe haben.

Festzuhalten ist, dass sich insbesondere Unternehmen im Bereich des Tourismus und der Gastronomie mit einer stark nachlassenden Nachfrage konfrontiert sehen

---

[108] Vgl. Hämmerle, Matthias (2007).
[109] Vgl. Kekulé, Alexander (2008), S. 20.

werden. Bei Betrieben der Telekommunikation oder des Online-Handels hingegen wird die Nachfrage absehbar steigen. Diese Nachfragesteigerung müsse jedoch mit einem reduzierten Personalbestand bewältigt werden.[110] Besonderen Herausforderungen werden auch Unternehmen des Gesundheitswesens ausgesetzt sein, da auch hier eine hohe Sondernachfrage unter den beschriebenen Bedingungen einer Pandemie befriedigt werden muss.

Ein weiterer Aspekt für Unternehmen ist die Änderung der wirtschaftlichen Situation von Geschäftspartnern, denn Betriebe müssen im Fall des Eintritts einer Pandemie mit Zahlungsausfällen rechnen. Der wirtschaftliche Abschwung im Pandemiefall führt zu Einnahmeausfällen in vielen Unternehmen mit der Folge einer Verschlechterung der Liquidität. Somit werden manche Kunden nicht in der Lage sein, ihren Zahlungsverpflichtungen nachzukommen, was wiederum die eigene Finanzkraft schwächen kann.[111]

4.4 Zusammenfassung der Auswirkungen einer Pandemie auf einzelne Unternehmen

Der Eintritt einer Pandemie wird einzelne Unternehmen vor besondere Herausforderungen stellen. Nachfrageausfälle in der Gastronomie, bei den Konsumgütern und in der Tourismusbranche entziehen Unternehmen in diesen Bereichen die wirtschaftliche Grundlage. Aufgrund von Personalausfällen können Unternehmensabläufe gestört werden und eine pünktliche Auftragsabwicklung wird unmöglich sein. Dies stellt besonders Unternehmen, wie zum Beispiel in der Gesundheitsbranche, vor die Herausforderung, mit reduziertem Personal eine erhöhte Nachfrage befriedigen zu müssen. Aber auch der Wegfall von öffentlichen Dienstleistungen wir z. B. des öffentliche Personennahverkehr oder durch die Schließung von Schulen und Kindergärten wird die personelle Situation in den Betrieben verschärfen, weil Mitarbeiter keine Möglichkeit mehr haben, zum Arbeitsplatz zu gelangen, bzw. die Beaufsichtigung ihrer Kinder übernehmen müssen. Sollten aufgrund einer Pandemie ganze Infrastrukturen wie z. B. die Energieversorgung oder Telekommunikation gestört

---

[110] Vgl. Hotz, Manuela / Müller-Gauss, Uwe (2006), S. 71.
[111] Vgl. Münchner Rückversicherungsgesellschaft (Hrsg.) (2008), S. 154.

sein, ist mit weiteren Störungen des Betriebsablaufs zu rechnen, die bis zum Still-stand des Betriebes führen können. Von den Auswirkungen einer Pandemie werden auch Geschäftspartner nicht ausgeschlossen sein, was aufgrund der Abhängigkeiten zwischen den Unternehmen zu weiteren Problemen führen kann. So sind Lieferaus-fälle von Rohstoffen und Bauteilen zu erwarten, die in kürzester Zeit zum Erliegen der Produktion führen. Dies wird Umsatzeinbußen in den betroffenen Unternehmen zur Folge haben und die Kapitalausstattung der Unternehmen schwächen. Entspre-chend ist damit zu rechnen, dass Geschäftspartner ihre Zahlungsverpflichtungen nicht einhalten.

5 Pandemie - eine Herausforderung für das Risikomanagement?

Unternehmen sind einer Vielzahl von Gefahren ausgesetzt. So sind Betriebe aufgrund der Kaufzurückhaltung der Bevölkerung dem Risiko von Absatzschwierigkeiten ausgesetzt. Die Konzentration im Handel birgt für Lieferanten das Risiko der Abhängigkeit von einem Kunden, aber auch steigende Rohstoffpreise beinhalten die Gefahr, die dadurch steigenden Produktionskosten auf dem Markt nicht kompensieren zu können.[112] Für Unternehmen ist somit überlebenswichtig, Risiken richtig einschätzen zu können und entsprechende Gegenstrategien zu entwickeln. Dabei sei es notwendig festzustellen, welche Risiken akzeptiert werden können und welche nicht akzeptabel sind.[113] Dabei stellt sich jedoch die Frage, wie ein Unternehmen reagieren soll, wenn der Eintritt des Schadensereignisses ungewiss ist und die Schadenshöhe nicht vorausgesagt werden kann. Ein solches Risiko stellt eine Pandemie dar. Die Herausforderung für das Unternehmen besteht also darin, das Gefahrenpotential einer Pandemie richtig einzuschätzen und zu klären, ob und welche Maßnahmen notwendig sind, um eine Gefährdung des Betriebes zu minimieren.

5.1 Definition des Begriffs „Risiko"

Umgangssprachlich verwendet man den Begriff „Risiko", wenn von einer Gefahr oder einem Wagnis die Rede ist. Für die Darstellung der Reaktion von Unternehmen auf die Gefahr einer Pandemie ist diese Definition des Risikobegriffs jedoch nicht ausreichend. Da es keine allgemeingültige Definition des Risikobegriffs gibt, soll durch die Betrachtung verschiedener Aspekte eine Grundlage für die weitere Diskussion geschaffen werden.

Das Institut der Wirtschaftsprüfer Deutschland versteht unter einem Risiko die „negative Abweichung von einem Planwert".[114] Diese Sichtweise umfasst lediglich die Gefahrenquellen, Störungen und Schadensursachen, die sich negativ auf das Unternehmensziel auswirken.[115] In dieser Überlegung wird die Möglichkeit, dass ein Unternehmensziel auch übertroffen werden kann, nicht berücksichtigt. Soll der Begriff „Risiko" alle Abweichungen

---

[112] Vgl. Gleißner, Werner / Lienhard, Herbert / Stroeder, Dirk H. (2004), S. 68.
[113] Vgl. Hölscher, Reinhold (2002), S. 5.
[114] Gleißner, Werner / Lienhard, Herbert / Stroeder, Dirk H. (2004), S. 12.
[115] Vgl. Romeike, Frank (2005), S. 18.

von Unternehmenszielen einschließen, sind neben den negativen Abweichungen (Gefahren) auch die positiven Abweichungen (Chancen) in die Definition mit einzubeziehen.[116] Berücksichtigung von Gefahren und Chancen ist auch praxisgerecht, weil bei unternehmerischen Entscheidungen immer eine Abwägung zwischen Risiken und Chancen im Vordergrund steht. Dahinter steht die Erkenntnis, dass jedes Handeln sowohl die Möglichkeit eines Verlustes als auch die Aussicht auf Gewinn mit sich bringen kann. Die Gefahren einer Pandemie finden in dieser Betrachtung des unternehmerischen Wirkens noch keinen Platz. Um diese Risiken einzubeziehen, muss eine Erweiterung des Risikobegriffs um Schadensereignisse erfolgen. Neben der Gefahr einer Pandemie können dies auch Naturereignisse, wie beispielsweise Überflutungen oder Erdbeben sein.[117] Zusammenfassend lässt sich der Begriff „Risiko" wie folgt systematisieren:

Abbildung 11: Systematik des Risikobegriffs

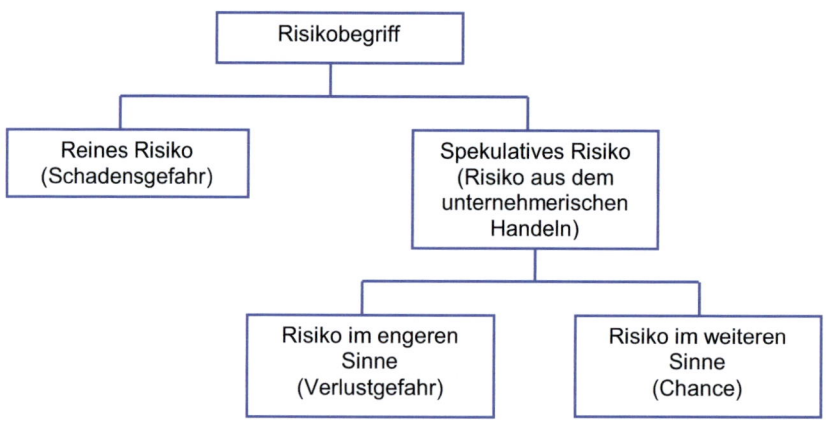

nach Seidel, Uwe M.[118]

Die Folgen einer Pandemie könne dafür verantwortlich sein, dass Unternehmensziele nicht erreicht werden. Somit kann eine Pandemie als Unternehmensrisiko bezeichnet werden. Eine Pandemie kann aber auch als Chance betrachtet werden. So werden zum Beispiel Unternehmen der Gesundheitsbranche durch eine Pandemie

---

[116] Vgl. Hölscher, Reinhold (2002), S. 6.
[117] Vgl. Gleißner, Werner / Lienhard, Herbert / Stroeder, Dirk H. (2004), S. 13-14.
[118] Gleißner, Werner / Lienhard / Herbert, Stroeder, Dirk H. (2004), S. 14.

die Möglichkeit erhalten, ihre Unternehmensziele zu übertreffen. Aber nicht nur die Identifikation eines Risikos ist für ein Unternehmen bedeutend, sondern ebenso die Beurteilung, ob ein solches Einfluss auf die Unternehmensziele hat. Dazu ist es notwendig, eine Bewertung vorzunehmen, die zur Abgrenzung akzeptabler Risiken und denjenigen, die nicht toleriert werden können. Dazu werden Risiken nach ihrer Eintrittswahrscheinlichkeit und ihrer Tragweite geprüft. Diese beiden Dimensionen werden in einer Matrix abgebildet. Auf dieser Matrix wird eine Grenze gezogen, ab welchem Bereich ein Risiko als nicht mehr akzeptabel erscheint. Vor diesem Hintergrund kann eine Beurteilung erfolgen, ob Maßnahmen zur Schadensvermeidung oder -verringerung eingeleitet werden müssen.[119]

Abbildung 12 Risikoanalyse

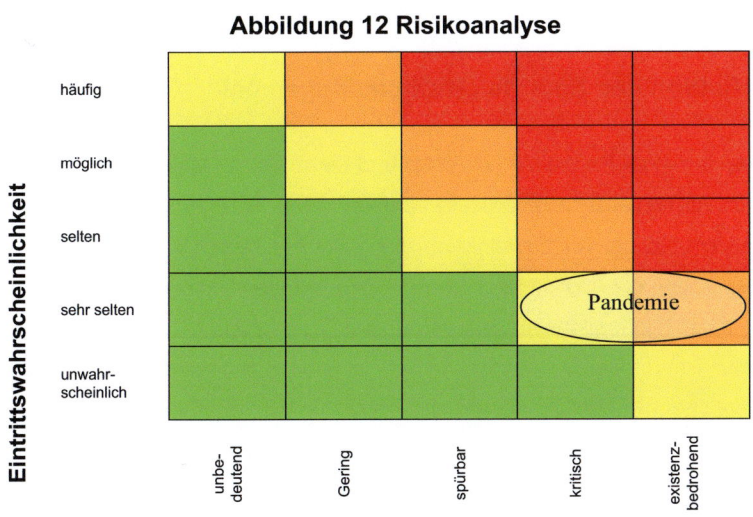

kleines Risiko, keine Maßnahmen nötig

mittleres Risiko, Maßnahmen zur Risikominimierung prüfen

hohes Risiko, Maßnahmen zur Risikominimierung erforderlich

Risiko nicht akzeptabel, Maßnahmen zur Risikominimierung dingend nötig

Vereinigung für Qualitäts- und Management-Systeme (SQS)[120]

---

[119] Vgl. Hölscher, Reinhold (2002), S. 9-10.
[120] Vereinigung für Qualitäts- und Management-Systeme (SQS)(Hrsg.) (2006), S. 4.

Der Nachteil dieser Methode besteht darin, dass die Eintrittswahrscheinlichkeit und Tragweite eines Risikos eindeutig quantifiziert werden sollten. Dies ist aber oftmals, wie auch mit Blick auf das Risiko einer Pandemie, nicht möglich[121]. Trotzdem hat die Anwendung dieser Methode aufgrund ihrer einfachen und schnellen Anwendbarkeit sowie der Übersichtlichkeit der Darstellung durchaus ihre Berechtigung. Für die weiterführende Betrachtung und genaueren Analyse von Risiken wurden noch andere Methoden entwickelt. Deren Vorstellung würde jedoch den Rahmen dieser Arbeit sprengen.[122] Aber auch anhand der Risikomatrix ist zu erkennen, dass eine Pandemie für ein Unternehmen eine Gefahr darstellt, welches einer genaueren Betrachtung bedarf. Unternehmen sollten also prüfen, ob und welche Maßnahmen zur Minimierung des Risikoportfolios in Angriff zu nehmen sind.

5.2 Definition des Begriffs „Risikomanagement"

Das Erkennen einer Pandemie als Risiko und deren Beurteilung kann man als erste Schritte im Risikomanagementprozess verstehen. Das Risikomanagement entwickelt sich aus dem Schutz vor Einzelrisiken. Als Beispiele lassen sich Maßnahmen der Arbeitssicherheit, die Absicherung durch Versicherungen oder Aspekte der Datensicherung in der Informationstechnologie nennen.[123] Aufgrund der Vielzahl von Gefahren, denen Unternehmen ausgesetzt sind, ist eine Einzelbetrachtung von Risiken nicht ausreichend. Ebenfalls besteht seit 1998 mit der Schaffung des Gesetzes zur Kontrolle und Transparenz im Unternehmensbereich (KonTraG) für Vorstände von börsenorientierten Unternehmen die Pflicht, Überwachungssysteme zu installieren, um Gefahren frühzeitig zu erkennen. Aber auch für Geschäftsführer einer GmbH besteht im Rahmen der Sorgfaltspflicht die Verpflichtung, Maßnahmen zur Risikofrüherkennung sowie -abwehr zu treffen.[124] Diese Aufgabe kann durch die Etablierung eines Risikomanagementsystems übernommen werden, das Chancen und Gefahren systematisch identifiziert und hinsichtlich ihrer Auswirkungen auf das

---

[121] Vgl. Hölscher, Rinhold (2002), S. 10.
[122] In der entsprechenden Fachliteratur, wie zum Beispiel in dem Buch „Risikomanagement" von Thomas Wolke, werden diese Methoden vorgestellt.
[123] Vgl. Denk, Robert / Exner-Markelt / Karin, Ruthner, Raoul (2006), S. 10.
[124] Vgl. Romeike, Frank (2002), S. 13.

Unternehmen bewertet.[125] Risikomanagement findet dabei als Prozess im Unternehmen statt und schafft in erster Linie Transparenz über dessen Risikosituation.[126] Die Hauptbestandteile dieses Prozesses sind die Risikoidentifikation und -bewertung, die Risikosteuerung, das Umsetzungscontrolling sowie die Risikoberichterstattung.[127] Im Folgenden werden diese Bestandteile genauer herausgearbeitet:

Risikoidentifikation

Die Risikoidentifikation dient der Erfassung aller Gefahren gemäß der bereits beschriebenen Definition. Dabei sollen auch die Besonderheiten des Unternehmens berücksichtigt werden. Dies können zum Beispiel die Branchenzugehörigkeit oder regionale Besonderheiten sein. Die so erkannten Risiken sollten anschließend systematisiert werden. Dies kann auf vielfältige Art geschehen und sollte den Gegebenheiten des Unternehmens entsprechen. Es bietet sich zum Beispiel an, Unternehmensrisiken nach leistungswirtschaftlichen, finanzwirtschaftlichen und Managementrisiken zu sortieren.[128] Eine weitere Abgrenzung ist die Unterscheidung nach internen und externen Risiken. Interne Risiken sind beispielsweise Fehler in der Beschaffungspolitik oder fehlerhafte Unternehmenspolitik. Externe Risiken können neben Änderungen der politischen Gegebenheiten auch die Gefahren einer Pandemie sein.[129]

Risikobewertung

Die Risikobewertung sortiert die identifizierten Risiken hinsichtlich der Bedeutung für das Unternehme, wodurch eine gezielte Risikosteuerung mit Blick auf die für das Unternehmen relevanten Risiken vorgenommen werden kann.[130]

Risikosteuerung

Der wichtigste Bereich im Risikomanagementprozess ist die Risikosteuerung. Diese soll die Risikosituation im Unternehmen positiv beeinflussen. Ziel ist, das Verhältnis zwischen Ertrag (Chance) und Verlustgefahr (Risiko) auszugleichen. Die wichtigsten Ansätze zur Risikosteuerung sind die Risikovermeidung, die Risikoverminderung, der

---

[125] Vgl. Romeike, Frank (2005), S. 17.
[126] vg. Gleißner, Werner / Lienhard, Herbert / Stroeder Dirk H. (2004), S. 14.
[127] Vgl. Zech, Jürgen (2002), S. 38.
[128] Vgl. Wolke, Thomas (2007), S. 5-7.
[129] Vgl. Romeike, Frank (2005), S. 21.
[130] Vgl. Zech, Jürgen (2002), S. 40.

Risikotransfer und auch die Akzeptanz von Risiken.[131] Die Strategie der Risikovermeidung hat das Ziel, das Risikoportfolio eines Unternehmens zu begrenzen, beziehungsweise zu senken. Allerdings ist eine Risikovermeidung im Betrieb jedoch kaum zu erreichen, weil unternehmerisches Handeln immer mit Risiken verbunden ist. Somit kommt der Risikoverminderung eine größere Bedeutung zu.[132] Auch den Gefahren einer Pandemie kann sich ein Betrieb nicht entziehen. Hier bleibt nur die Möglichkeit, durch geeignete Maßnahmen die möglichen Auswirkungen zu begrenzen. Eine weitere Strategie zur Senkung von Unternehmensrisiken ist deren Verlagerung auf unternehmensfremde Bereiche. In der Praxis wird dies durch *Outsourcing* von Unternehmensfunktionen und -bereichen erreicht. Dabei ist zu bedenken, dass bei einer Verlagerung auch die Gewinnchancen des Betriebes aus diesen Bereichen verschoben werden.[133] Eine weitere Möglichkeit des Risikotransfers ist der Abschluss von Versicherungen. So bieten Versicherungsunternehmen zum Beispiel für den Fall einer Pandemie eine sogenannte Betriebsunterbrechungsversicherung an.[134] Als letztes ist noch die Risikoakzeptanz zu erwähnen. Diese sollte nur dann in Betracht kommen, wenn die Konsequenzen des erwarteten Risikos gering eingestuft werden und somit für das Unternehmen keine existenzbedrohlichen Folgen zu erwarten sind. Eine Akzeptanz des Risikos kann auch erfolgen, wenn durch die Risikosteuerung unverhältnismäßig hohe Kosten entstehen und gleichzeitig keine wesentliche Bedrohung durch das betrachtete Risiko ausgeht.[135] In diesem Zusammenhang ist auch zu erkennen, dass bei der Auswahl Maßnahmen zur Risikosteuerung immer wirtschaftliche Gesichtspunkte beachtet werden sollten.

Risikocontrolling

Damit der Prozess des Risikomanagements effizient und funktionsfähig durchgeführt werden kann, ist ein Controllingsystem notwendig. Das Risikocontrolling überwacht die Einhaltung von Zeit- und Budgetplänen sowie die Wirksamkeit von Risikosteuerungsmaßnahmen. Weiterhin wird die Risikoverantwortlichkeit überprüft und bei Bedarf die entsprechenden Steuerungsstrategien angepasst.[136]

---

[131] Vgl. Romeike, Frank (2005), S. 30.
[132] Vgl. Wolke, Thomas (2007), S. 77.
[133] Vgl. Wolke, Thomas (2007), S. 81.
[134] Vgl. Hewitt, Jonathan (2006), S. 17.
[135] Vgl. Zech, Jürgen (2002), S. 41.
[136] Vgl. Zech, Jürgen (2002), S. 41.

Risikoberichterstattung

Die Aufklärung der Geschäftsführung mit wesentlichen Informationen zum Risikomanagement wird durch die Risikoberichterstattung wahrgenommen. Inhalt sind potenzielle Bedrohungen und Chancen für das Unternehmen und deren Auswirkungen.[137]

Risikomanagement hat somit einen unmittelbaren Einfluss auf die Orientierung eines Betriebes. Die Entscheidungen und Geschäftspolitik werden dabei an den erkannten Gefahren und Chancen ausgerichtet, um Unternehmensziele zu erreichen. Die Herausforderung für den Betrieb besteht darin, nicht nur klare Risiken aus dem unternehmerischen Handeln aufzugreifen, sondern auch solche Gefahren, die im ersten Moment „schicksalhaft" erscheinen zu erfassen. Aufgrund des Schadenspotentials ist es nämlich wichtig, sich auch auf solche Risiken vorzubreiten.

5.3 Ziele des Risikomanagements

Beim Prozess des Risikomanagements wird in erster Linie das Ziel verfolgt, durch die rechtzeitige Identifikation von Risiken Handlungsspielräume zu schaffen, die den Erfolg eines Unternehmens sichern.[138] Abgeleitet von der Definition eines Risikos kann man als Ziel des Risikomanagementprozesses auch die Reduzierung von Schwankungen in den Unternehmenszielen verstehen. Dadurch wird die Planbarkeit im Betrieb erhöht und dessen Steuerbarkeit verbessert. Auch das Erreichen der Unternehmensziele kann dadurch gesichert und so die Grundlage für den zukünftigen Erfolg eines Betriebes gelegt werden. All dies soll zur Erhöhung des Unternehmenswertes beitragen.[139]

Auch die Vorbereitungen eines Unternehmens auf die Gefahren einer Pandemie sind in diesem Kontext zu sehen. Neben der Verantwortung für den Schutz der Mitarbeiter dient die betriebliche Pandemieplanung der Aufrechterhaltung des Betriebsablaufs. Ein weiterer Aspekt besteht darin, Vorbereitungen zu treffen, um am Ende einer

---

[137] Vgl. Zech, Jürgen (2002), S. 41.
[138] Vgl. Zech, Jürgen (2002), s. 42.
[139] Vgl. Gleißner, Werner / Lienhard, Herbert / Stroeder, Dirk H. (2004), S. 17.

Pandemiewelle schnellstmöglich zum Normalbetrieb zurückzukehren.[140] Auch das Erkennen von Unternehmenschancen im Krisenfall einer weltweiten Infektionskrankheit ist ein Ziel der betrieblichen Pandemieplanung.

5.4 Kosten und Nutzen der betrieblichen Vorbereitung auf den Pandemiefall

Die Etablierung einer Risikovorsorge im Unternehmen ist auch mit Kosten verbunden. Mit dem Blick auf die Analyse der Risikolage und die Erstellung von Planungsunterlagen fallen in erster Linie Personalkosten für die dafür abgestellten Mitarbeiter an. Auch sind unter Umständen Kosten für eine externe Beratung einzuplanen. Soll im Rahmen der betrieblichen Pandemieplanung auch die Bevorratung mit Arzneimitteln einbezogen werden, sind neben diesen Kosten auch die Aufwendungen für den Betriebsarzt und die Lagerung zu berücksichtigen. Auf der anderen Seite steht der Nutzen, der eine Pandemieplanung für das Unternehmen bedeutet. An erster Stelle soll durch eine Pandemieplanung der Arbeitsausfall im Unternehmen gesenkt werden und Produktivitätsverluste minimiert werden. Dabei ist zu beachten, dass aufgrund der Arbeitsorganisation im Team der Ausfall eines einzelnen Mitarbeiters Produktivitätsverluste der gesamten Gruppe nach sich ziehen kann. Als Beispiel kann hier der Pilot eines Flugzeugs genannt werden. Fiele dieser aus, wäre die gesamte Besatzung betroffen. Weiterhin bestünde die Gefahr, dass Produktionsausfälle zu Lieferengpässen führten und die Kunden Schadensersatzforderungen stellten.[141] Unumgänglich ist als Bestandteil der Pandemieplanung eine Analyse der Wirtschaftlichkeit der geplanten Maßnahmen durchzuführen. Entsprechende Analysen führten das Rheinisch-Westfälische Institut für Wirtschaftsforschung und die ADMED GmbH für Notfallmaßnahmen des Staates durch. Dabei wurden zunächst die Kosten der folgenden Notfallmaßnahmen ermittelt:

1. Bereitstellung von Mund-Nase-Schutz für die Bevölkerung
2. Impfung gegen ein Virus, das die Pandemie auslösen kann

---

[140] Vgl. F.A.Z.-Institut für Management-, Mark- und Medieninformationen GmbH, IMWF Institut für Management- und Wirtschaftsforschung GmbH (Hrsg.) (2008), S. 4.
[141] Vgl. Neukirch, Benno (2007), S. 6 und 19-21.

3. Versorgung der Patienten mit antiviralen Medikamenten

4. Aufstockung der Kapazitäten von Intensivbetten

Anschließend wurde untersucht, in welchem Umfang die Erkrankungsrate durch diese Maßnahme gesenkt werden müsse, damit ein volkswirtschaftlicher Nutzen entstehe. Bei den Kosten der Impfmaßnahmen wurden auch die positiven Effekte auf das Bruttoinlandsprodukt betrachtet. Als Ergebnis konnte festgestellt werden, dass vor allem die Kosten für die Versorgung mit anitviralen Medikamenten und landesweite Impfungen durch die positiven Effekte auf das Bruttoinlandsprodukt ausgeglichen werden. Hingegen sei ein Ausgleich der Kosten für die Aufstockung der Kapazitäten von Intensivbetten nicht möglich. Bei der Versorgung der Bevölkerung mit Mundschutzmasken könne keine Aussage zur Wirtschaftlichkeit gemacht werden, weil Daten zur Schutzwirkung außerhalb der Betreuung von Kranken nicht vorliegen.[142]

5.5 Umsetzung der Pandemieplanung als Bestandteil des Risikomanagements im Unternehmen

Eine Pandemie kann nicht mit einem anderen Schadensereignis, wie z. B. Feuer, Einbruch, Naturkatastrophen oder ähnlichem, verglichen werden. Solche Schadensfälle sind meist lokal begrenzt und beginnen plötzlich. Eine Pandemie ist räumlich und zeitlich jedoch nicht limitiert. Die Problematik in der Identifikation einer Pandemie als Risiko für Unternehmen besteht darin, dass korrekte Aussagen über das Ausmaß einer Pandemie grundsätzlich nicht möglich sind. Auch ist eine Vorhersage über den genauen Zeitpunkt für den Beginn einer Pandemie absehbar nicht zu realisieren. Dies mögen Gründe sein, warum Unternehmen eine Pandemie nur sehr zögerlich in ihre Planungen für das Risikomanagement aufnehmen. So haben von dreißig im Deutschen Aktienindex gelistet Unternehmen nur circa zweidrittel Notfallpläne für den Eintritt einer Pandemie entwickelt.[143] Für den Mittelstand hat eine Notfallplanung für den Fall einer weltweiten Infektionskrankheit noch weniger Bedeutung. Bei einer Befragung des Instituts für Management und Wirtschaftsforschung (IMWF) und des F.A.Z.-Instituts waren von allen Unternehmen, die keinen Pandemieplan aufgestellt

---

[142] Vgl. Allianz, Rheinisch-Westfälisches Institut f. Wirtschaftsforschung (2006), S. 45-46.
[143] Vgl. Godek, Manfred (2008), S. 116.

hatten, 91 Prozent Unternehmen des Mittelstandes.[144] Anders sieht die Vorsorge in den Unternehmen der Versicherungsbranche aus. Aufgrund der Anforderungen der Bundesanstalt für Finanzdienstleistungsaufsicht (BaFin) für die Mindestanforderungen an das Risikomanagement haben hier die Unternehmen die Gefährdung des Geschäftsbetriebes durch eine ansteckende Krankheit in die Notfallplanung aufgenommen. So wurde beispielsweise durch den Versicherer R + V das bestehende Notfallmanagement um den Punkt „Ausfall von Mitarbeitern" ergänzt und entsprechende Pläne erarbeitet.[145] Pandemieplanung sollte aber nicht nur Aufgabe in Großunternehmen sein. Selbst ein „Ein-Mann-Unternehmen" sollte Überlegungen anstellen, welche wirtschaftlichen Auswirkungen ein Arbeitsausfall und der damit verbundene Verlust von Einkünften im Fall einer Pandemie bedeuten würde.

5.6 Zusammenfassung: Risikomanagement vor dem Hintergrund einer Pandemie

Für Betriebe ist der Ausbruch einer Pandemie mit einer Vielzahl von Gefahren verbunden. Im Umfeld einer solchen Krise wären Unternehmensziele nicht zu erreichen, weshalb man diese Gefahren als Risiken für das Unternehmen bezeichnen kann. Diesen Gefahren vorzeitig entgegenzuwirken, ist die Aufgabe des Risikomanagementprozesses. In diesem Prozess werden an erster Stelle Risiken erkannt und analysiert. Danach sollen durch geeignete Maßnahmen deren Auswirkungen begrenzt oder vermieden werden. Im Rahmen der Risikosteuerung kann zum Beispiel durch die Verlagerung von Unternehmensaufgaben auf andere Betriebe - das sogenannte Outsourcen - eine Verschiebung der Risiken angestrebt werden. Eine weitere Möglichkeit der Risikosteuerung bietet die Absicherung durch den Abschluss von Versicherungen. Für die Gefahren einer Pandemie bietet sich eine Strategie der Risikobegrenzung an. Durch das Aufstellen eines Pandemieplanes sollte versucht werden, den Geschäftsbetrieb im Fall einer Pandemie unbedingt aufrecht zu halten und so die Auswirkungen zu minimieren. Dabei dürfen wirtschaftliche Aspekte nicht außer Acht gelassen werden. Risikovorsorge kann nur dann erfolgreich sein, wenn der Nutzen einer Pandemieplanung deren Kosten übersteigt. Aktuell wird von Betrie-

---

[144] Vgl. IMWF Institut für Management- und Wirtschaftsforschung GmbH (Hrsg.) (2008), S. 10.
[145] Vgl. Godek, Manfred (2008), S. 117.

ben die Bedeutung einer Pandemie nur zögerlich in die Risikoplanung aufgenommen. Dabei sollten Überlegungen, die dazu dienen, die Funktionsfähigkeit des Unternehmens im Fall einer Pandemie zu erhalten, selbstverständlich sein. Wenn Unternehmen sich dieser Herausforderung stellen, werden sie erkennen, dass die Handlungsfähigkeit im Krisenfall auch einen Wettbewerbsvorteil darstellt.

6 Pandemieplanung als Bestandteil des Risikomanagements

Aufgrund der Empfehlungen der WHO wurde im Jahr 2005 durch den Bund und das Robert-Koch Institut der nationale Influenzapandemieplan für die Bundesrepublik Deutschland vorgestellt. Auf deren Grundlage haben die einzelnen Bundesländer eigene Rahmenpläne entwickelt. Ziel dieser Pandemieplanungen ist, die Erkrankungs- und Sterblichkeitsrate bei Ausbruch einer Pandemie möglichst gering zu halten. Ebenso soll das öffentliche Leben aufrechterhalten bleiben und der wirtschaftliche Schaden minimiert werden.[146] Dabei handelt es sich um gesamtgesellschaftliche Ziele, die nur erreicht werden können, wenn auch Unternehmen und Betriebe entsprechende Vorbereitungen treffen. Eine Reihe von Unternehmen erarbeitet im Rahmen des Risikomanagements bereits Szenarien der verschiedensten Krisensituationen. Aus diesem Grund ist es am zweckmäßigsten, die vorhandenen Strategien um die Folgen einer Grippepandemie zu ergänzen. Die so entstehende Pandemieplanung bettet sich in den Gesamtprozess des Risikomanagements ein.

6.1 Betriebliche Pandemieplanung im Rahmen des Risikomanagements

Je höher eine Gefahr eingestuft wird, desto größer ist die Bereitschaft, sich auf ein Risiko vorzubereiten. Die Versicherungswirtschaft war eine der ersten Branchen, die das Risiko einer Pandemie als solches erkannt und ihre Notfallpläne um solch ein Szenario ergänzt hat.[147] Dabei wurde die Aufrechterhaltung des Geschäftsbetriebes als wichtigste Aufgabe eines Pandemieplanes in das Zentrum der Überlegungen gestellt. Wie bereits ausgeführt, steht bei Ausbruch einer Grippewelle zunächst kein Impfstoff zur Verfügung. Dies liegt darin begründet, dass die Produktion erst beginnen kann, wenn das Pandemievirus bekannt ist (siehe auch Abschnit 2.2.). Somit ist ein Impfstoff erst dann verfügbar, wenn der Höhepunkt der Krankheitswelle bereits überschritten ist. Die Strategie eines Pandemieplans kann also darin bestehen, dass Maßnahmen ergriffen werden, die den Ausbruch der Pandemie im Unternehmen

---

[146] Vgl. Allianz, Rheinisch-Westfälisches Institut f. Wirtschaftsforschung (2006), S. 26-27.
[147] Vgl. Godek, Manfred (2008), S. 117.

nach hinten verschieben und die Zahl der Erkrankten gering halten. Dadurch kann Zeit gewonnen werden, bis die Pandemie mittels eines Impfstoffs eingedämmt werden kann.[148]

Abbildung 13 Zweck der Pandemieplanung

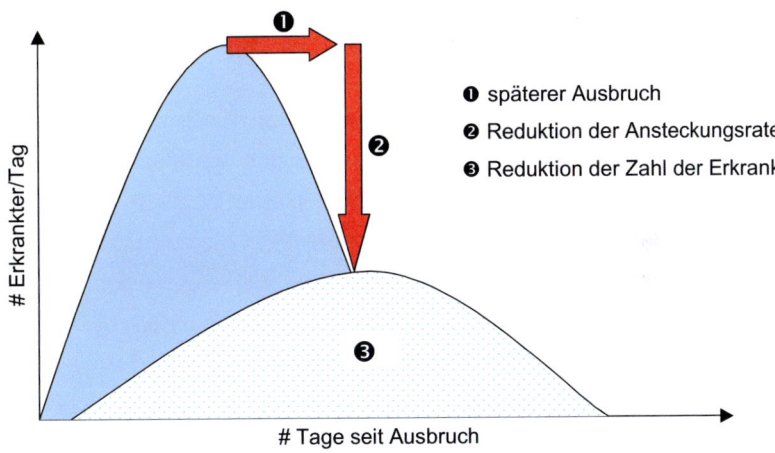

❶ späterer Ausbruch
❷ Reduktion der Ansteckungsrate
❸ Reduktion der Zahl der Erkrank

Erkrankter/Tag

Tage seit Ausbruch

Hotz, Manuels / Müller-Gauss, Uwe[149]

Ein weiteres Ziel der Pandemieplanung ist es, Kernprozesse des Unternehmens zu identifizieren und geeignete Maßnahmen zu entwickeln, um deren Funktionsfähigkeit zu erhalten. Weiterhin tragen diese Planungen dazu bei, dass die Flexibilität des Betriebes steigt. Flexibilität bedeutet in diesem Zusammenhang, dass ein Unternehmen in der Lage ist, sich auf ändernde Rahmenbedingungen einzustellen und diese erfolgreich zu meistern. Diese Flexibilität ist eine der Schlüsselanforderungen für ein Betrieb im Fall einer Pandemie. So muss der Pandemieplan zum Beispiel Maßnahmen enthalten, die den Betrieb in die Lage versetzen, einen erheblichen Personalausfall aufzufangen oder Ausfälle von Lieferanten zu kompensieren.[150] Weiterhin dient eine Pandemieplanung der Steigerung des Vertrauens in das Unternehmen. Für Geschäftspartner, die auf eine zuverlässige Auftragserfüllung angewiesen sind,

---

[148] Vgl. Hotz, Manuela / Müller-Gauss, Uwe, (2007a), S. 20.
[149] Hotz, Manuela / Müller-Gauss, Uwe (2007b), S. 52.
[150] Vgl. Graichen, Winfried U. (2007), S. 2.

kann eine vorhandene Pandemieplanung von Bedeutung sein. So erwartet der Kapitalmarkt schon heute ein funktionsfähiges Risikomanagementsystem. Rating-Agenturen haben bereits angekündigt, die Bewertung von Unternehmen von dem Vorhandensein eines Pandemieplans abhängig zu machen.[151] Somit wird dessen Notwendigkeit für Betriebe in der Zukunft noch weiter zunehmen.

6.2 Ansätze zur Umsetzung einer betrieblichen Pandemieplanung

Eine Pandemieplanung stellt für ein Unternehmen eine große Herausforderung dar. Dabei kann eine erfolgreiche Planung nur gelingen, wenn sämtliche Einflüsse einer Pandemie auf den Betriebsablauf in die Überlegungen zu einem Pandemieplan einbezogen werden. Aus diesem Grund sollte dieser nicht nur durch die Geschäftsführung, sondern auch durch Vertreter aller Abteilungen erarbeitet werden. Auch kann eine umfassende Pandemieplanung nur gelingen, wenn die Umgebung eines Unternehmens an den Überlegungen beteiligt wird.[152] Im Rahmen der Erstellung eines Pandemieplans sind vorab viele Fragen zu klären, weshalb im Folgenden ein Überblick über die Ansätze zur Einführung eines Pandemieplans gegeben werden soll.

6.2.1 Aufgabe der betrieblichen Pandemieplanung

Die Stilllegung des Betriebes im Fall einer Pandemie würde für das betroffene Unternehmen existenzbedrohend sein, weil dadurch seine wirtschaftliche Grundlage entfallen würde. Dieses Risiko zu minimieren, ist die Aufgabe einer betrieblichen Pandemieplanung. Dabei umfasst diese mehr als nur Maßnahmen zu entwickeln, die zur Schadensbegrenzung oder -minderung beitragen. Eine Pandemieplanung sollte Geschäftsprozesse identifizieren, die für die Ertragskraft des Unternehmens verantwortlich sind. Für diese Prozesse sollten Strategien entwickelt werden, um die Arbeitsfähigkeit dieser Bereiche aufrecht zu erhalten. Ein weiterer Aspekt der Pandemieplanung besteht darin, die Strategien dahingehend auszuweiten, dass der Normalbetrieb nach der Krise so schnell wie möglich wieder hergestellt werden

---

[151] Vgl. Med Magazin (Hrsg.) (2006).
[152] Vgl. F.A.Z.-Institut für Management-, Markt- und Medieninformation GmbH, IMWF Institut für Management- und Wirtschaftsforschung GmbH (Hrsg.) (2008), S. 5 u. Preußer, Jacqueline / Alms, Wilhelm (2008), S. 9.

kann.[153] Im Mittelpunkt der Planungen muss aber immer der Schutz der Arbeitnehmer stehen. Diese Verpflichtung aus dem Arbeitsschutzgesetz beinhaltet alle erforderlichen Handlungsschritte, um die Sicherheit und Gesundheit der Beschäftigten zu schützen. Dabei sind - abgestimmt auf die Art, Größe und Struktur des Betriebes - entsprechende Vorsichtsmaßnahmen zum Schutz der Arbeitnehmer im Fall einer Pandemie zu treffen.[154] Eine Pandemieplanung kann jedoch nicht losgelöst vom Umfeld eines Unternehmens erstellt werden. Somit ist auch die Abstimmung mit anderen Unternehmen, insbesondere die Abstimmung mit Lieferanten und Kunden, eine zwingend notwendige Aufgabe der Pandemieplanung. Wünschenswert wäre auch in diesem Zusammenhang die Kommunikation zwischen Unternehmen und Staat zu verbessern. So könnten Fragen des Transportwesens und der Zusammenarbeit für den Fall einer Pandemie bereits im Vorfeld besprochen werden.[155]

6.2.2 Pandemieplanung

Die Pandemieplanung soll ein Unternehmen optimal auf den Eintritt einer weltumspannenden Infektionskrankheit vorbereiten, um durch die Pandemie ausgelöste Krise bestmöglich bewältigen zu können. Ziel ist es, Strukturen zu schaffen, die es ermöglichen, in einer Krisensituation die richtigen Entscheidungen zu treffen sowie die noch vorhandenen Ressourcen im Unternehmen optimal einzusetzen und zu nutzen.[156] Dabei steht am Anfang einer Pandemieplanung die grundsätzliche Entscheidung, ob im Fall einer Pandemie der Geschäftsbetrieb aufrecht erhalten bleiben soll. Wird diese Frage bejaht, sind die grundsätzlichen Maßnahmen zu erarbeiten, die dafür erforderlich sind. Auch sind Rahmenbedingungen zu definieren, bei denen die einzelnen Überlegungen der Pandemieplanung in die Praxis umgesetzt werden.[157] Der Pandemieplan selbst sollte auf die wesentlichen Bereiche eingehen, die von einer Pandemie betroffen sein werden. Dabei kann eine Orientierung an folgenden Punkten hilfreich sein:

- Szenarien und Phasen der Pandemie

---

[153] Vgl. F.A.Z.-Institut für Management-, Markt- und Medieninformation GmbH, IMWF Institut für Management- und Wirtschaftsforschung GmbH (Hrsg.) (2008), S. 4.
[154] Vgl. Zylka-Mennhron, Vera (2007), S. 3526.
[155] Vgl. Allianz, Rheinisch-Westfälisches Institut f. Wirtschaftsforschung (2006), S. 62.
[156] Vgl. Langer, Martin (2008), S. 12.
[157] Vgl. Bundesamt für Bevölkerungsschutz und Katastrophenhilfe, Regierungspräsidium Stuttgart, Landesgesundheitsamt (2007), Leitfaden L3, S. 3.

- Entwicklung der Nachfrage

- Personal

- Kritische Unternehmensbereiche

- Operative Umstellungen

- Medizinische Maßnahmen

- Kommunikation

- Zulieferung und Dienstleister

- Öffentliche Infrastruktur und Grundversorgung[158]

Die oben genannten Punkte sollen im Folgenden genauer betrachtet werden:

Szenarien und Phasen einer Pandemie

Eine Pandemieplanung orientiert sich an den zu erwartenden Auswirkungen auf das Unternehmen und entwickelt entsprechende Gegenstrategien. Da eine genaue Vorhersage über das Ausmaß einer solchen Infektionskrankheit nicht möglich ist, können jedoch auch keine konkreten Aussagen über die Auswirkungen gemacht werden. Somit ist es notwendig, die Strategien auf die unterschiedlichen Szenarien (vgl. Abschnitt 2.4) einer Pandemie abzustimmen. Dies ermöglicht differenzierte Vorgehensweisen und angemessene Handlungsempfehlungen zu erarbeiten. Weiterhin sollte eine Orientierung des Pandemieplans analog der Pandemiephaseneinteilung der WHO (vgl. Abschnitt 2.5) erfolgen. Auf diese Weise ist ein Abgleich der eingeleiteten Maßnahmen mit dem Status der Pandemie auf einfache Weise möglich.[159]

Nachfrage

In den Planungen für eine Pandemie müssen auch die Auswirkungen auf die Nachfrage nach den eigenen Produkten bzw. Dienstleistungen berücksichtigt werden. Ist zum Beispiel mit einer steigenden Nachfrage für ein Produkt oder eine Dienstleistung

---

[158] Kekulé, Alexander (2008), S. 18 ff..
[159] Vgl. Kekulé, Alexander (2008), S. 18 f..

im Fall einer Pandemie zu rechnen, sollte das Unternehmen dies in seine Überlegungen mit einbeziehen. Dabei sind Fragen zum Vertrieb, der Lagerung und der Produktion trotz des Ausfalls von Arbeitskräften und der Zulieferung von Vorprodukten in den Mittelpunkt der Planungen zu stellen. Bei einer sinkenden Nachfrage sollte sich der Maßnahmenkatalog an einer Kosten-/Nutzen-Überlegung orientieren. Dabei werden die Kosten, die für die Aufrechterhaltung des Betriebes notwendig sind, dem zu erwartenden Nutzen gegenübergestellt.[160]

Personal

Die wichtigste Ressource eines Betriebes ist sein Personal. Eine Pandemie wird diesen Bereich am meisten beeinflussen. Unternehmen stehen dabei vor der Herausforderung, in den Planungen für den Fall einer Pandemie sowohl Maßnahmen zum Schutz des Personals zu erarbeiten, als auch den Betriebsablauf aufrecht zu erhalten. An erster Stelle sollten Mitarbeiter in Schlüsselpositionen erkannt werden. Aufgrund ihrer Bedeutung für das Unternehmen sind für diese Arbeitskräfte besondere Schutzmaßnahmen notwendig. Da jedoch eine Erkrankung dieser Mitarbeiter nicht ausgeschlossen werden kann, ist es wichtig, dass für diese eine Vertretung gefunden wird.[161] Hierbei ist zu beachten, dass bei Mitarbeitern mit Spezialwissen durch rechtzeitige Schulungsmaßnahmen für mögliche Vertreter deren Qualifikation entsprechend ausgebildet werden sollen.[162]

Kritische Unternehmensbereiche

Jeder Betrieb ist von der Funktionsfähigkeit bestimmter Unternehmensbereiche abhängig. So würde der Ausfall der EDV-Abteilung einer Bank oder Versicherung die Gefahr einer Geschäftsunterbrechung erhöhen. Ein Pandemieplan sollte auf diese Bereiche vor allem eingehen. Dabei ist das Personal dieser Abteilung besonders vor Ansteckung zu schützen. Dies kann zum Beispiel durch die Errichtung von Heimarbeitsplätzen, Schaffung von Vertretungsreserven oder durch eine medikamentösen Prophylaxe mittels antiviraler Medikamente erfolgen.[163]

---

[160] Vgl. Bundesamt für Bevölkerungsschutz und Katastrophenhilfe, Regierungspräsidium Stuttgart, Landesgesundheitsamt (2007), Anhang 1 V1, S. 2.
[161] Vgl. Kekulé, Alexander (2008), S. 19.
[162] Vgl. IBM Global Technology Services (Hrsg.) (2006), S. 11.
[163] Vgl. Godek, Manfred (2008), S. 117-118.

Umstellungen in der Betriebsorganisation

Eine Pandemie führt bei den meisten Unternehmen zu einer Reduktion der Wirtschaftsleistung. Ein hoher Personalausfall, eine Stagnation der Nachfrage sowie Probleme in der Zulieferung können einen Rückgang der Betriebstätigkeit zur Folge haben, der einen Stillstand von einzelnen Abteilungen nach sich ziehen kann. Im Rahmen einer Pandemieplanung kann das „Zurückfahren" der betrieblichen Tätigkeit organisiert werden. So ist bereits im Vorfeld zu ermitteln, auf welche Bereiche des Unternehmens im Pandemiefall verzichtet werden kann. Diese könnten geschlossen und die freigesetzten Mitarbeiter in essenziell wichtigen Bereichen eingesetzt werden. Damit diese Maßnahmen umgesetzt werden können, sind vorherige Schulungen und Umstellungen in der Betriebsorganisation notwendig.[164]

Medizinische Maßnahmen

Eine Pandemie macht es für das Unternehmen notwendig, auch medizinische Maßnahmen in die Planung einzubeziehen. Unter diesem Punkt sind alle Strategien, die den Schutz vor Ansteckung zum Ziel haben, zu verstehen. Darunter fallen Hygienemaßnahmen - wie das Tragen von Mund-Nasen-Schutz, Reduktion der Raumbelegung, Entsorgung von Einmaltaschentüchern - oder die Organisation von Bereichen mit Kundenkontakten. Weiterhin sollten Überlegungen bezüglich des Umgangs mit erkrankten Mitarbeitern in die Planung mit aufgenommen werden. Ferner sind Regelungen zu treffen, die die Bereitstellung und Ausgabe von Hilfsmitteln - wie Atemschutzmasken sowie Papiertaschentüchern - und Medikamenten vorsehen.[165]

Kommunikation

Eine Pandemie bedroht unmittelbar die Gesundheit aller Mitarbeiter. In die Pandemieplanung sollten deshalb auch Überlegungen zur Kommunikation und Information der Beschäftigten einfließen. Sachgerechte Informationen könnten dazu beitragen, dass Ängste der Mitarbeiter abgebaut werden.[166] Die innerbetriebliche Kommunikati-

---

[164] Vgl. Kekulé, Alexander (2008), S. 20.
[165] Vgl. Bundesamt für Bevölkerungsschutz und Katastrophenhilfe, Regierungspräsidium Stuttgart, Landesgesundheitsamt (Hrsg.) (2007), Angang 1 P4, S. 1-2.
[166] Vgl. Bundesamt für Bevölkerungsschutz und Katastrophenhilfe, Regierungspräsidium Stuttgart, Landesgesundheitsamt (Hrsg.) (2007), Anhang 1 V3, S. 2.

on könne auch Informationen zur Arbeitsplatzhygiene transportieren, die dazu beitragen, das Infektionsrisiko zu verringern.[167]

Zulieferung und Dienstleister

Eine Pandemieplanung sollte das Unternehmen nicht isoliert betrachten. Aufgrund der hohen Vernetzung in der Wirtschaft und der daraus resultierenden Abhängigkeiten ist eine wirkungsvolle Planung von der Zusammenarbeit mit Lieferanten und Abnehmern abhängig. Dabei sei zu klären, wie sich eine Pandemie auf die Geschäftsbeziehung auswirke und welche gemeinsamen Absprachen und Regelungen bereits im Vorfeld getroffen werden müssten.[168]

Öffentliche Infrastruktur und Grundversorgung

Eine Pandemie würde absehbar auch mit Auswirkungen auf die öffentliche Infrastruktur verbunden sein. So sei damit zu rechnen, dass zum Beispiel der öffentliche Nahverkehr eingeschränkt werde. Zudem würden Mitarbeiter aus Angst vor Ansteckung diese Verkehrsmittel im Fall einer Pandemie meiden. Auch die Unterbringung von Kindern in Kindergärten und Schulen werde problematisch werden, da auch hier mit Einschränkungen aufgrund der Erkrankungen von Personal zu rechnen sei und in diesen Einrichtungen ein erhöhtes Ansteckungsrisiko bestehe. Unternehmen sollten deshalb überlegen, wie Mitarbeitern in Schlüsselpositionen der Weg zur Arbeit ermöglicht werde. Weiterhin sollte in der Planung geklärt werden, inwieweit eine Kinderbetreuung organisiert werde. Diese könne erforderlich sein, um Mitarbeiter von der Betreuung ihrer Kinder zu entlasten und so deren Anwesenheit im Betrieb zu ermöglichen.[169] Selbstverständlich sollte auch eine Vorsorge mit den Blick auf mögliche Ausfälle der Versorgung mit Strom-, Wasser- oder Telekommunikation sein. Auch hier sollten Maßnahmepläne, gegebenenfalls in Zusammenarbeit mit den Versorgern, vorliegen.

---

[167] Vgl. Bundesamt für Bevölkerungsschutz und Katastrophenhilfe, Regierungspräsidium Stuttgart, Landesgesundheitsamt (Hrsg.) (2007), Anhang 1 V3, S. 4.
[168] Vgl. IFPMA International Federation of Phamaceutical Manufacturers and Associations (Hrsg.) (2007), S. 4.
[169] Vgl. Bundesamt für Bevölkerungsschutz und Katastrophenhilfe, Regierungspräsidium Stuttgart, Landesgesundheitsamt (2007), Anhang 1 P2, S. 2.

Abschließend lässt sich feststellen, dass ein Unternehmen bei der Erstellung eines Pandemieplans viel Nützliches über sich selbst erfährt. Betriebsabläufe werden analysiert, substanzielle Unternehmensbereiche erkannt und ein Überblick über die Zusammenhänge innerhalb und außerhalb des Betriebes geschaffen. Diese Erkenntnisse werden dazu, beitragen die Unternehmensorganisation auch vor Eintritt einer Pandemie zu verbessern.[170]

6.3 Neuraminidase-Hemmer als Bestandteil der Pandemieplanung

Ein Lösungsansatz, die Funktionsfähigkeit eines Unternehmens im Fall einer Pandemie zu gewährleisten, ist die Verwendung von antiviralen Arzneimitteln. Dahinter steht die Idee, durch medikamentöse Behandlung und Prophylaxe die Erkrankungsrate im Unternehmen möglichst gering zu halten und somit die Funktionsfähigkeit des Unternehmens während der ersten Grippewelle zu erhalten. Dadurch soll Zeit gewonnen werden, bis ein geeigneter Impfstoff zur Verfügung steht.[171] Die Medizin nutzt dabei zwei Substanzklassen: Amantandin und Neuraminidase-Hemmer. Bei Amantandin handelt es sich um Medikamente, die das Eindringen des Influenza-Virus in den Zellkern hemmen. Dieser Wirkstoff hat jedoch zwei entscheidende Nachteile. Zum einen wirkt Amantandin nur gegen Influenza-Viren des Typs A und zum anderen entwickeln Influenzaviren bei therapeutischer Anwendung sehr schnell eine Resistenz gegenüber Amantandin.[172] Die Medikamentengruppe, deren Einsatz im Fall einer Pandemie am meisten diskutiert wird, sind Neuraminidase-Hemmer. Die Neuraminidase befindet sich auf der Oberfläche von Influenzaviren und ist für die Zerstörung der Zellmembran der Wirtszelle verantwortlich. Dadurch ist es den Viren überhaupt erst möglich, ihre Wirtszelle zu verlassen und sich im Körper weiter auszubreiten. Neuraminidase-Hemmer blockieren diesen Vorgang. Durch das Andocken des Wirkstoffs an der Neuraminidase wird der oben beschriebene Vorgang unterbrochen. Das an der Oberfläche der Wirtszelle befindliche Virus kann sich nicht lösen und die Ausbreitung im Körper wird gehemmt.[173] In Deutschland sind die Neuraminidase-Hemmer „Oseltamivir" und „Zanamivir" zugelassen. „Zanamivir" wird

---

[170] Vgl. Hotz, Manuela / Müller-Gauss, Uwe (2007), S. 23.
[171] Vgl. Roche Pharma AG (Hrsg.) (2008), S. 8.
[172] Vgl. Martini, Bettina Christine (2006).
[173] Vgl. Tröger,Uwe / Bode-Böger, Stefanie (2006), S. 3486-3487.

unter den Namen „Relenza" vertrieben und „Oseltamivir" unter dem Namen „Tamiflu".
Die Anwendung von „Relenza" ist im Gegensatz zu „Tamiflu" aufwendiger, weil die
Aufnahme der Arznei durch Inhalation erfolgt. Im Gegensatz dazu wird „Tamiflu" als
Kapsel oder Lösung verabreicht.[174] Die Bundesrepublik Deutschland hat sich in
Anlehnung an die Empfehlungen der Weltgesundheitsorganisation mit antiviralen
Arzneimitteln bevorratet. Die natinoale Pandemieplanung sieht vor, diese Medikamente für die Therapie von Risikogruppen (alte Menschen, Personen mit chroni-
schen Erkrankungen), medizinischem und essenziellem Personal (Polizei, Feuer-
wehr und Mitarbeitern der Wasser- und Energieversorgung) zur Verfügung zu
stellen.[175] Für Unternehmen wird diese Vorsorge des Staates nicht ausreichen, weil
die für den Betriebsablauf notwendigen Mitarbeiter regelmäßig nicht zu dem oben
angeführten Personenkreis gehören. Im Rahmen der Pandemieplanung sollten
Unternehmen die Möglichkeit einer Bevorratung mit antiviralen Mitteln für Mitarbeiter
in Schlüsselpositionen in Betracht ziehen. In die Entscheidung sollten jedoch folgende Überlegungen mit einbezogen werden: Für eine Bevorratung von antiviralen
Mitteln spricht, dass Neuraminidase-Hemmer gegenwärtig die einzige zweckmäßige
Therapie und Prophylaxe im Fall einer Pandemie darstellen. Zudem kann bei einem
kurzfristigen Krankheitsbeginn während der Arbeitszeit sofort reagiert werden.
Betrachtet man die prognostizierten Abwesenheitsquoten im Fall einer Pandemie, ist
die Bevorratung mit antiviralen Arzneimitteln als einzig sinnvolle Entscheidung zu
erachten, um den ökonomischen Schaden für das Unternehmen in Grenzen zu
halten. Eine solche Maßnahme hat auch psychologische Effekte auf die Mitarbeiter.
Sie vermittelt ein Gefühl der Sicherheit und des Vertrauens gegenüber dem Arbeit-
geber.[176] Eine Bevorratung von antiviralen Medikamenten ist aber nur dann sinnvoll,
wenn die Gefahr von Resistenzen der Influenzaviren gegenüber den Medikamenten
gering ist. Vorliegende Studien deuten darauf hin, dass dies bei Neuraminidase-
Hemmern der Fall sei.[177] Entscheidet sich ein Unternehmen für die Bevorratung von
anitviralen Arzneimitteln, sind die gesetzlichen Bestimmungen für die Ausgabe von
„Tamiflu" oder „Relenza" zu beachten. Bei beiden Medikamenten handelt es sich um
verschreibungspflichtige Arzneimittel. Das bedeutet, dass die Abgabe dieser Medi-

---

[174] Vgl. Fock, Rüdiger (2001), S. 976.
[175] Vgl. Martini, Bettina Christine (2006), S. 8.
[176] Vgl. Verband Deutscher Betriebs- und Werksärzte e.V. (Hrsg.)(2006).
[177] Vgl. Kurth, Reinhard / Buchholz, Udo / Haas, Walter (2006), S. 3484-3485.

kamente nur durch Verordnung eines Arztes erfolgen kann. Auch ist nach den Bestimmungen des Arzneimittelrechts die Lagerung von verschreibungspflichtigen Medikamenten ausschließlich in einer Apotheke möglich. Unter bestimmten Voraussetzungen kann eine Lagerung auch im Betrieb erfolgen; hierfür ist jedoch die Aufsicht durch einen Apotheker zu gewährleisten.[178] Für das Unternehmen bedeuten diese gesetzlichen Vorgaben einen hohen Kosten- und Planungsaufwand, zumal der Betrieb im Krisenfall einen schnellen Zugriff auf die Medikamente organisieren muss. Dieser ist notwendig, weil eine erfolgreiche Therapie und Prophylaxe nur dann möglich ist, wenn die Behandlung innerhalb von 48 Stunden nach Auftreten der ersten Krankheitssymptome beginnt.[179] Bei der Anwendung von Neuraminidase-Hemmern im Unternehmen ist zu beachten, dass die Behandlung nicht verhindert, dass infizierte Personen weiterhin Influenzaviren verbreiten können.[180] Aufgrund dessen kann die Frage, ob eine Bevorratung mit antiviralen Mitteln für das einzelne Unternehmen sinnvoll ist, nur nach einer genauen Analyse beantwortet werden. Dabei dürfen auch wirtschaftliche Überlegungen nicht außer Acht gelassen werden. So betragen die Kosten für die Prophylaxe mit „Tamiflu" bei einer sechs-wöchigen Anwendung gegenwärtig 173,50 Euro pro Mitarbeiter.[181] Auch ist zu beachten, dass die Haltbarkeit dieser Medikamente nach fünf Jahren endet und damit ein Austausch der eingelagerten Medikamente erforderlich ist.[182] Unter diesen Bedingungen erscheint eine Bevorratung mit anitviralen Mitteln nur für essenziell wichtige Mitarbeiter sinnvoll und ratsam zu sein. Dem gegenüber steht jedoch eine ethische Verantwortung gegenüber der Gesamtbelegschaft. Eine Rationierung von Medikamenten auf essenziell wichtige Mitarbeiter widerspricht dem ethischen Anspruch, medizinische Ressourcen so einzusetzen, dass sie die größtmögliche Zahl von Opfern rettet.[183]

Trotz dieser offenen Fragen und Probleme ist die Mehrheit der Unternehmen offenkundig bereit, sich mit antiviralen Medikamenten zu bevorraten. So planen sechs von zehn Unternehmen, für den Ausbruch einer Pandemie Medikamente für die Beleg-

---

[178] Vgl. Bundesamt für Bevölkerungsschutz und Katastrophenhilfe, Regierungspräsidium Stuttgart, Landesgesundheitsamt (Hrsg.) (2007), Anhang 1 V2, S. 7.
[179] Vgl. Roche Pharma AG (Hrsg.) (2008), S. 9.
[180] Vgl. Tröger, Uwe / Bode-Böger, Stefanie M. (2006), S. 3492.
[181] Vgl. Arzneimittel-Richtlinien (2003).
[182] Vgl. Fock, Rüdiger (2001), S. 977.
[183] Vgl. Wiesing, Urban / Marckmann, Georg (2006), S. 1887-1888.

schaft bereit zu halten. Bei jedem zweiten Betrieb, in dem ein Pandemieplan vorhanden ist, werden bereits jetzt anitvirale Medikamente eingelagert. Dabei können zwischen zehn und dreißig Prozent der Belegschaft mit Medikamenten versorgt werden.[184] Diese Bereitschaft mag daraus resultieren, dass die Gabe von antiviralen Medikamenten die einzige Alternative zu klassischen Maßnahmen, wie Quarantäne, Isolation oder Reisebeschränkungen, darstellt. Es muss jedoch festgehalten werden, dass ein Erfolg dieser Maßnahmen aufgrund fehlender Erfahrungen nicht sicher ist.[185]

6.4 Zusammenfassung: Pandemieplanung als Bestandteil des Risikomanagements

Eine Pandemieplanung soll Sorge dafür tragen, dass Schäden für Unternehmen infolge einer Pandemie möglichst gering ausfallen. Ziel der Pandemieplanung ist es außerdem, den Zeitpunkt für den Ausbruch einer Infektionskrankheit im Unternehmen zu verzögern. Ebenso sollte die Infektionsrate, also die Zahl der erkrankten Mitarbeiter im Unternehmen, so gering wie möglich gehalten werden. Weiterhin werden in der Pandemieplanung Maßnahmen entwickelt, die ein angemessenes Management in der Krise ermöglichen. Auf diese Weise soll die Funktionsfähigkeit des Betriebes so lange erhalten bleiben, bis ein Impfstoff zur Verfügung steht. Eine Pandemieplanung trägt somit dazu bei, die Verlässlichkeit des Unternehmens für Geschäftspartner zu steigern und somit Wettbewerbsvorteile zu erlangen. Eine Pandemieplanung benötigt ein umfassendes Wissen über den Betrieb, sein Umfeld und die Auswirkungen, die mit einer Pandemie verbunden sind. Daher ist für eine erfolgreiche Planung die Zusammenarbeit von Mitarbeitern aller Abteilungen notwendig. Aber auch Geschäftspartner, wie Lieferanten und Kunden, sind in die Überlegungen einzubeziehen. All diese Anstrengungen sollen die negativen Auswirkungen einer Pandemie für das Unternehmen möglichst gering halten und gewährleisten, dass der Normalbetrieb am Ende der Pandemie möglichst schnell wieder hergestellt wird. Dabei sind durch Anpassungen im Betriebsablauf die Folgen einer Pandemie für das Unternehmen zu minimieren. Dies erfordert eine genaue Analyse

---

[184] Vgl. Preußer, Jacqueline / Alms, Wilhelm (2008), S. 11.
[185] Vgl. Weltgesundheitsorganisation WHO (Hrsg.) (2005), S. 8-9.

der Abläufe und Prozesse im Unternehmen, sowie die Untersuchung der Bedeutung von externen Lieferanten und Kunden. Auch der Schutz von Mitarbeitern stellt eine Herausforderung bei der Pandemieplanung dar. Neben hygienischen Maßnahmen zur Reduzierung der Ansteckungsgefahr können medikamentöse Prophylaxemaßnahmen mit Neuraminidase-Hemmern in die Überlegungen mit aufgenommen werden. Da Erfahrungen mit Neuraminidase-Hemmern im Fall einer Pandemie jedoch nicht vorliegen, kann der Erfolg dieser Maßnahme nur vorsichtig geschätzt werden. Auch sollte das Problem der Resistenzbildung von Pandemieviren gegenüber Neuraminidase-Hemmern in der Planung erfasst werden. Entscheidet sich ein Unternehmen für die Bevorratung mit Medikamenten zur Prophylaxe, sind organisatorische Fragen hinsichtlich der Lagerung, der Verschreibung und der Ausgabe dieser Medikamente zu berücksichtigen. Sollte sich ein Unternehmen für eine medikamentöse Prophylaxe entschließen, so kann dies nur ein Baustein der Pandemieplanung sein.

7 Fazit

Im Jahr 2003 rückte durch den Ausbruch der Vogelgrippe in Südostasien die Gefahr einer Pandemie in den Blickpunkt der Öffentlichkeit. Der vereinzelte Übergang des Vogelgrippevirus auf den Menschen veranlasste die WHO, vor den Gefahren einer Grippepandemie zu warnen. Nationale Regierungen wurden aufgefordert, entsprechende Notfallpläne für den Eintritt einer Pandemie vorzubereiten. Da von den Auswirkungen einer Pandemie die gesamte Gesellschaft betroffen wäre, ist auch die Wirtschaft aufgefordert, sich auf die Folgen einer Pandemie vorzubereiten. Dabei ist zu beachten, dass die Konsequenzen in den einzelnen Wirtschaftsbereichen recht unterschiedlich sind. So ist im Einzelhandel, Tourismus und Gastgewerbe mit erheblichen Nachfrageausfällen zu rechnen. Demgegenüber würde die Nachfrage im Gesundheitswesen beträchtlich steigen. Alle Wirtschaftszweige müssten sich auf einen hohen Ausfall von Arbeitskräften einstellen. Eine weitere Folge für Unternehmen wäre die Unterbrechung von Versorgungsketten aufgrund von Einschränkungen im Transportwesen. Diese Auswirkungen können zu gravierenden Störungen im Betriebsablauf eines Unternehmens führen und im schlimmsten Fall die Existenz des Betriebes bedrohen. Somit stellt eine Pandemie eine erhebliche Bedrohung für ein Unternehmen dar. Aus diesem Grund sollte das Risikomanagement eines Unternehmens auch die Gefahren einer Pandemie umfassen. Wobei jedes Unternehmen eine eigene Risikoanalyse durchführen sollte. Dies ist notwendig, weil die Gefahren, die von einer Pandemie ausgehen, für jedes Unternehmen unterschiedlich sind. Aufgrund der Erkenntnisse, die durch die Risikoanalyse gewonnen werden, sollten durch eine Pandemieplanung Maßnahmen erarbeitet werden, die es ermöglichen, den Geschäftsbetrieb im Krisenfall möglichst aufrecht zu erhalten und die Schäden für das Unternehmen zu minimieren. Diese Maßnahmen können dazu beitragen, dass die Handlungsfähigkeit des Unternehmens im Pandemiefall einen Wettbewerbsvorteil gegenüber Mitbewerbern darstellt. Dem Risikomanagement stehen dabei mehrere Strategien zur Verfügung, den Gefahren einer Pandemie zu begegnen. Diese reichen von einer Verlagerung von Unternehmensaufgaben auf andere Unternehmen, über die Absicherung von Risiken durch Versicherungen, bis hin zur Risikobegrenzung durch die Entwicklung von Notfallplänen, die am geeignetsten erscheinen, den Auswirkungen einer Pandemie zu begegnen. Denn Notfallpläne umfassen alle Aspekte der Risikovorsorge. Dabei dürfen wirtschaftliche Faktoren nicht außer Acht gelassen werden. Eine Pandemieplanung muss auch immer einer Kosten-Nutzen Betrachtung standhalten. Am Ende der Überlegungen soll eine Planung vorhanden sein, die den Ausbruch der Pandemie im Unternehmen verzögern und die Ansteckungsrate so gering wie möglich halten wird. Auf diese Weise können die Auswirkungen der Pandemie im Unternehmen begrenzt und Zeit gewonnen werden, bis ein geeigneter Grippeimpfstoff zur Verfügung steht. Einen besonderen Stellenwert hat auch die Entscheidung, ob eine Bevorratung von Medikamenten in die Pandemieplanung mit aufzunehmen ist. Aufgrund der vielen organisatorischen Voraussetzungen, die die Lagerung, Verschreibung und Ausgabe dieser Medikamente erfordert, ist eine aufwändige Vorbereitung notwendig. Auch muss bei der Entscheidung für eine medikamentösen Grippeprophylaxe beachtet werden, dass noch viele offene Fragen zur Wirksamkeit und Resistenzbildung vorhanden sind.

Welchen Weg ein Unternehmen bei der Pandemieplanung auch einschlägt, die Entwicklung eines solchen Krisenplans wird auch Auswirkungen auf das Tagesgeschäft haben. Alle Maßnahmen, die im Rahmen einer Pandemieplanung entwickelt werden, tragen dazu bei, die Flexibilität eines Unternehmens zu erhöhen. Diese Flexibilität und Anpassungsfähigkeit ist in einer dem ständigen Wandel unterzogenen Wirtschaft notwendig, um die Konkurrenzfähigkeit zu erhalten. Zudem wird ein Unternehmen im Verlauf der Pandemieplanung viel Nützliches über sich selbst erfahren. Die Analyse von Betriebsabläufen, das Erkennen von Kernprozessen und die Entwicklung von Maßnahmeplänen werden dazu beitragen, Zusammenhänge im Unternehmen besser zu verstehen. Damit wird eine Transparenz gewonnen, die auch im Tagesgeschäft dafür sorgen wird, das Unternehmen erfolgsorientiert führen zu können.

Quellenverzeichnis

Allianz Private Krankenversicherungs-AG, Rheinisch-Westfälisches Institut für Wirtschaftsforschung e.V. (Hrsg.) (2006)
Pandemie
Risiko mit großer Wirkung
München, Essen

Allwinn, Regina / Doerr ,Hans Wilhelm (2005)
Wie gefährlich ist die Vogelgrippe für den Menschen?
In: Medizinische Klinik: Zeitschrift für innere Medizin in Klinik und Praxis,
Band 100, Heft 11, S. 710-713
München

Arbeitsgemeinschaft Influenza (Hrsg.) (2005)
Saisonbericht der Arbeitsgemeinschaft Influenza 2004/2005
Berlin

Arbeitsgemeinschaft Influenza (Hrsg.) (2007)
Saisonbericht der Arbeitsgemeinschaft Influenza 2006/2007
Berlin

Arzneimittel-Richtlinien (2003)
Bekanntmachung des Bundesausschusses der Ärzte und Krankenkassen über die Verordnung von Arzneimitteln in der vertragsärztlichen Versogrung
vom 24.03.2003
Therapiehinweis nach Nr. 14 der Arzneimittel-Richtlinien
Bundesanzeiger, Nr. 147, S. 17978

Auswärtiges Amt, Gesundheitsdienst (Hrsg.) (2005)
Merkblatt Vogelgrippe
Stand: 19.10.2005
Berlin

Bank Juluis Bär & Co AG (Hrsg.) (2005)

Was Sie schon immer über Vogelgrippe wissen wollten

Zürich

Bundesärztekammer, Kassenärztliche Bundesvereinigung (Hrsg.) (2006)

Fragen und Antworten zur Vogelgrippe

Berlin

Bundesamt für Bevölkerungsschutz und Katastrophenhilfe, Regierungspräsidium Stuttgart, Landesgesundheitsamt (Hrsg.) (2007)

Handbuch Pandemieplanung, Version 2.2B

Bonn, Stuttgart

Bundesamt für Gesundheit (Hrsg.) (2003)

SARS: 100 Tage nach dem Ausbruch – ein Fazit

In: Bulletin 32/2003, S. 544-545

Bern

Bundesamt für Gesundheit (Hrsg.)(2005)

Übertragbare Krankheiten

Grippe, Vogelgrippe und Grippepandemie

In: Bulletin 41/2005, S. 725-727

Bern

Denk, Robert / Exner-Merkelt, Karin / Ruthner, Raoul (2006)

Risikomanagement im Unternehmen – Ein Überblick

In: Wirtschaft und Management, Schriftenreihe zur Wirtschaftswissenschaftlichen Forschung und Praxis

Risikomanagement in Unternehmen, Nr. 3, Mai 2006

Wien

Deutscher Bundestag (Hrsg.) (2005)

Wissenschaftliche Dienste des Deutschen Bundestages

Nr. 58/05 vom 08.08.2005

Der Aktuelle Begriff – Influenza-Pandemie

Berlin

Döring, Ole (2003)

Anspruch und Wirklichkeit: Im Umgang mit SARS zeigen sich Chinas politische Schwachstellen

In: China aktuell, April 2003, S. 449-455

Hamburg

F.A.Z-Institut für Management-, Mark- und Medieninformationen GmbH, IMWF Institut für Management- und Wirtschaftsforschung GmbH (Hrsg.) (2008)

Themenkompass 2008: Pandemie

Frankfurt, Hamburg

Fock, Rüdiger (2001)

Management und Kontrolle einer Influenzapandemie

Konzeptionelle Überlegungen für einen deutschen Influenzaplan

In: Bundesgesundheitsblatt, Gesundheitsforschung, Gesundheitsschutz 10/2001, S. 969-979

Bonn

Gaber, Walter / Hofmann, Rainer (2003)

SARS – Die erste globale Seuche im 21. Jahrhundert

Sachstandsbericht Medizinische Dienste Fraport AG vom 16. Juni 2003

Frankfurt

Gauchel-Petrovic, Danica / Flieger, Angelika (2007)

Ökonomische Auswirkungen einer Influenzpandemie

In: Bevölkerungsschutz 3-2007, S. 27-31

Bonn

Geisel, Theo (2004)

In 80 Tagen um die Welt – wie sich Epidemien ausbreiten

In: Presseinformation der Max-Planck-Gesellschaft

vom 19. Oktober 2004, B 56/2004

München

Glasmacher, Susanne / Kurth, Reinhard (2006)

Globaler Arlarm

In: Spektrum der Wissenschaft, Dossier 3/2006, S. 12-17

Heidelberg

Gleißner, Werner / Lienhard, Herbert / Stroeder, Dirk H. (2004)

Risikomanagement im Mittelstand

Eschborn

Godek, Manfred (2007)

Vorbeugung, Logistik-Risiko Grippe

In: Fracht und Logistik, Sonderveröffentlichung 12. Oktober 207, S. 3

Hamburg

Godek, Manfred (2008)

Pandemie: Was tun, wenn alle krank sind?

In: Versicherungswirtschaft, 2/2008, S. 116-118

Karlsruhe

Haas, Walter (2005)

Prinzipien und Aspekte der Seuchenalarmplanung am Beispiel der Influenzapande-
mieplanung

In: Bundesgesundheitsblatt, Gesundheitsforschung, Gesundheitsschutz

48/2005, S. 1020-1027

Berlin

Hewitt, Jonathan (2006)

Vogelgrippe – Kopf in den Sand oder Panikmache?

In: Themen Nr. 14, Gen Re, Kölnische Rückversicherungs-Gesellschaft AG (Hrsg.),

S. 12-19

Köln

Hölscher, Reinhold (2002)

Von der Versicherung zur integrativen Risikobewältigung: Die Konzeption eines modernen Risikomanagement

In: Hölscher, Rinhold, Elfgen, Ralph (Hrsg.)

Herausforderung Risikomanagement, S. 3-32

Wiesbaden

Hotz, Manuela / Müller-Gauss, Uwe (2006)

Vorbeugen durch Planung

Die Grippe-Pandemie kommt sicher – die Frage ist nur wann?

In: Sicherheitsforum 6/06, S. 70-71

Forch/Zürich

Hotz, Manuela / Müller-Gauss, Uwe (2007a)

Krisenmanagement

Die Grippe-Pandemie kommt – die Frage ist nur wann

In: KMU-Magazin 7(2007), S. 18-21

Horn, Schweiz

Hotz, Manuela / Müller-Gauss, Uwe (2007b)

Betriebliche Pandemieplanung - Praxiserprobt

In: Sicherheitsforum 4/2007, S. 52 – 53

Forch/Zürich

IBM Global Technology Services (Hrsg.) (2006)

Im Blickpunkt:

Planung für den Notfall-Business-Continuity unter Personalaspekten

Stuttgart

IFPMA International Federation of Pharmaceutical Manufactures and Associations (Hrsg.) (2007)

Wie man sich gegen eine Pandemische Grippe wappnet: Kontinuitätsplanung der Geschäftstätigkeit der globalen Gesundheitsindustrie

Genf

IMWF Institut für Management- und Wirtschaftsforschung GmbH (Hrsg.) (2008)

Trendstudie, Betriebliches Risikomanagement

Schwerpunkt Rationalisierungsrisiken

Hamburg

Jütte, Robert (2006)

Geschichte der Medizin

Verzweifelter Kampf gegen die Seuche

In: Deutsches Ärzteblatt, Jg. 103, Heft 1-2, S. 32-33

Köln

Kekulé, Alexander (2008)

Betriebliche Pandemieplanung

In: Themenkompass 2008, Pandemie

Institut für Management- und Wirtschaftsforschung, F.A.Z-Institut (Hrsg.)

Hamburg, Frankfurt

Kurth, Rinhard / Buchholz, Udo / Haas, Walter (2006)

Antivirale Arzneimittel – keine Wunderwaffe, aber ein wichtiger Baustein in der Pandemieplanung

In: Deutsches Ärzteblatt, Jg. 103, Heft 51-52, S. 3484-3485

Köln

Langer, Martin (2008)

Kriesenmanagement,

In: Themenkompass 2008 Pandemie, S. 12-14

F.A.Z.-Institut für Management-, Markt- und Medieninformationen GmbH, IMWF Institut für Management- und Wirtschaftsforschung (Hrsg.)

Frankfurt, Hamburg

Marschall, Manfred / Fleckenstein, Bernhard (2007)

Vieren überspringen Grenzen

Influenza und andere globale Bedrohungen – Teil 1

In: Am Puls Im Puls, Jg. 7, Heft 7/2007, S. 7-9

Erlangen

Martini, Bettina Christine (2006)

Grippepandemie: Kriesenmanagement in Unternehmen

Die Rolle des Apothekers

Glaxo Smith Kline (Hrsg.)

Memmingen

Meyer, Rüdiger (2004)

Spanische Grippe

Geheimnis des Virus entschlüsselt

In: Deutsches Ärzteblatt Jg. 101, Heft 10, S. 609

Köln

Münchener Rückversicherungsgesellschaft (Hrsg.) (2008)

Geschäftsbericht der Münchener-Rück-Gruppe 2007

München

Muth, Clemens / Zweimüller, Manuela (2007)

Gewappnet für den Fall der Fälle

In: Topics 1/2007, S. 6-17

Münchener Rück (Hrsg.)

München

Paukstadt, Waltraud (2005)

Der Count-down für die Influenza-Pandemie läuft

Virusalarm: Sind wir gerüstet?

In: MMW-Fortschritte der Medizin, Jg. 147, Heft 46, S. 4-8

München

Preußer, Jacqueline / Alms, Wilhelm (2008)

Unterschätzte Gefahr

In: Themenkompass 2008 Pandemie, S. 6-11

F.A.Z.-Institut für Management-, Markt- und Medieninformationen GmbH, IMWF Institut für Management- und Wirtschaftsforschung (Hrsg.)

Frankfurt, Hamburg

Reiter, Sabine / Haas, Walter (2005)

Influenza

Das Risiko einer Pandemie wird immer größer

In: MMW-Fortschritte der Medizin, Jg. 147, Heft 9, S. 35-38

München

Richter-Kuhlmann, Eva (2005)

Mögliche Influenuzapandemie

Ungenügend vorbereitet

In: Deutsches Ärzteblatt, Jg. 102, Heft 44, S. 2996

Köln

Robert Koch-Institut, Statistisches Bundesamt (Hrsg.) (2006a)

Gesundheitsberichterstattung des Bundes

Gesundheit in Deutschland,

Berlin

Robert Koch-Institut, Statistisches Bundesamt (Hrsg.) (2006b)

Gesundheitsberichterstattung des Bundes

Heft 31

HIV und Aids

Berlin

Roche Pharma AG (Hrsg.) (2008)

Influenza-Pandemie

Vom Risikofall zum Notfallplan – ein kompakter Überblick

Grenzach-Wyhlen

Romeike, Frank (2002)

Risikomanagement als Grundlage einer wertorientierten Unternehmenssteuerung

In: Rating aktuell, 02-2002, S. 12-17

Köln

Romeike, Frank (2005)

Risikokategorien im Überblick

In: Romeike, Frank (Hrsg.),

Modernes Risikomanagement, S. 17-32

Weinheim

Rossboth, Dieter / Kraus, Günther / Allerberger, Franz (2006)

Epidemien als Katastrophen

In: Wissenschaft & Umwelt Interdisziplinär, 10-2006, S. 85-98

Wien

Schmitt, Heinz-J. (2005)

Review Influenza

In: Consilium infectiorum (2005) Heft 1, 11.02.2005

Heppenheim

Schröder-Bäck, Peter / Sass, Hans-Martin / Brand, Helmut et al. (2008)

Ethische Aspekte eines Influenzapandemiemanagements und Schlussfolgerungen für die Gesundheitspolitik

Ein Überblick

In: Bundesgesundheitsblatt, Gesundheitsforschung, Gesundheitsschutz

2-2008, S. 191-199

Bonn

Stracke, Andrea / Heinen, Winfried (2006)

Grippe-Pandemie: Auswirkungen auf ein Portefeuille von Lebensversicherten

In: Themen Nr. 14, Gen Re, Kölnische Rückversicherungs-Gesellschaft AG (Hrsg.), S. 10-11

Köln

Tröger, Uwe / Bode-Böger, Stefanie (2006)

Stellenwert von Neuraminidase-Hemmer in der Prophylaxe und Therapie der Influenza

In: Deutsches Ärzteblatt, Jg. 103, Heft 51-52, S. 3486-3492

Köln

Weltgesundheitsorganisation WHO (Hrsg.) (2005)

WHO Kommunikation im Pandemiefall

WHO-Handbuch für Journalisten: Grippepandemie

Genf

Wiesing, Urban / Marckmann, Georg (2006)

Vogelgrippe

Eine neue Pandemie – alte ethische Probleme

In: Deutsches Ärzteblatt, Jg. 103, Heft 27, S. 1886-1888

Köln

Witte, Wilfried (2006)

Die Grippe-Pandemie 1918-20 in der medizinischen Debatte

In: Berichte zur Wissenschaftsgeschichte, Band 29, S. 5-20

Weinheim

Wolke, Thomas (2007)

Risikomanagement

München

Zech, Jürgen (2002)

Integriertes Risikomanagement – Status quo und Entwicklungstendenzen aus der Perspektive eines Versicherungskonzerns

In: Hölscher, Rinhold, Elfgen, Ralph (Hrsg.)

Herausforderung Risikomanagement, S. 33-49

Wiesbaden

Zylka-Menhorn, Vera (2007)

Influenzapandemie-Planung

Aktualisierte Empfehlungen bereiten Ärzteschaft auf den Ernstfall vor

In: Deutsches Ärzteblatt, Jg. 104, Heft 51-52, S. 3526-3527

Köln

Elektronische Quellen

Graichen, Winfrid U. (2007)

Vogelgrippe und andere Katastrophen: Kopf in den Sand oder Risikomanagement?

URL: http://www.perspektive-blau.de/artikel/0702c/0702c.pdf [21.08.2008]

Hämmerle, Matthias (2007)

Der Bahnstreik kann die gesamte Volkswirtschaft ins Chaos stürzen

URL: http://www.bcm-news.de/2007/10/03/der-bahnstreik-kann-die-gesamte-volkswirtschaft-ins-chaos-stuerzen/ [03.08.2008]

Lingg, Hermann v. (1906)

Der schwarze Tod

URL: http://gutenberg.spiegel.de/?id=5&xid=1661&kapitel=5&cHash
=7adb7cff0bschwztod#gb_found [07.07.2008]

Med Magazin (Hrsg.) (2006)

Krisenmanagement im Unternehmen für den Fall einer Grippe Pandemie

URL: http://www.med-magazin.de/modules.php?name=News&file=
article&sid=1411

[21.08.2008]

Neukirch, Benno (2007)

Die Influenza ... und ihre wirtschaftlichen Folgen

URL: http://www.bsafb.de/fileadmin/downloads/downloads_07/Influenza-Neukirch-2.pdf [14.08.2008]

Pickel, Michael (2007)

Pandemie – das unterschätzte Risiko

Vortrag auf dem 2. Niedersächsischen Versicherungstag Hannover am 28.02.2007

URL: http://www.lernpark.de/ueber-die-organisationen-im-bildungsnetzwerk/bwv-regional/hannover/2-nied-versicherungstag/downloads-vortraege/index.html
[03.07.2008]

Peichl, Monika (2006)

Pandemie-Kosten entstehen vor allem durch die Versuche der Menschen, der Infektion zu entgehen

In: Ärzte Zeitung, 06.01.2006

URL: http://aerztezeitung.de/extras/druckansicht/?sid=425659&pid=430483

[14.07.2008]

Robert Koch-Institut (2007)

RKI: Vogelgrippe-Pandemierisiko nach wie vor hoch

In: deutsches Notfallvorsorge-Informationssystem, deNIS

URL: http://www.denis.bund.de/aktuelles/06635/index.html [03.07.2008]

Roche Deutschland (2008)

Influenza-Pandemie

URL: http://www.roche.de/pharma/indikation/grippe/flu_welle_pandemie.htm?sid=6eb b05ed531a1fbaaf21b809669d92f4 [20.08.2008]

Thiel, Dirk (2007)

Risikofaktor Pandemie: Wirtschaftliche Auswirkungen auf Unternehmen

Vortrag auf der Euroforum Pandemie-Konferenz Hamburg am 27.06.2007

URL: http://www.creditreform-rating.de/Deutsch/Rating/3_ Aktuelles/Fachpublikationen/2007/2007-06-27_Praesentation_Pandemie-Konferenz.jsp [01.07.2008]

Verband Deutscher Betriebs- und Werksärzte e.V. (VDBW) (Hrsg.)(2006)

Antivirale Arzneimittel: pro und contra

URL: http://www.vdbw.de/de/grippe_pandemie/Plan_Anl_1_Arzneivorrat.pdf

[30.08.2008]

Vereinigung für Qualitäts- und Management-Systeme (SQS) (2006)

Risikomanagement

URL: http://www.sqs.ch/507.pdf [04.08.2008]

WHO (2008)

Cumulative Number of Confirmed Human Cases of Afian Influenza A/(H5N1)

Report to WHO

URL: http://www.who.int/csr/disease/avian_influenza/en/ [03.07.2008]

Wirtschaftslexikon24.net (2008)

Just-in-time-Produktion

URL: http://www.wirtschaftslexikon24.net/d/just-in-time-produktion/
just-in-time-produktion.htm [03.08.2008]